儿子青春期，
爸妈要懂的沟通技巧

彭清清◎著

中国纺织出版社有限公司

内 容 提 要

关心孩子的成长，沟通，是解决一切教育问题的良药；沟通，是亲子关系升温的基础。离开了沟通，所有的教育都将无从谈起。青春期更是男孩成长的特殊时期，父母找到与青春期男孩沟通的方法极为重要。

本书从实用的角度出发，为广大家长提供了一套与青春期男孩沟通的指导方法，相信通过阅读本书，家长一定能找到一把钥匙，打开青春期男孩的心门，进而帮助他们轻松应对青春期的各种问题。

图书在版编目（CIP）数据

儿子青春期，爸妈要懂的沟通技巧／彭清清著. --
北京：中国纺织出版社有限公司，2020.8
ISBN 978-7-5180-7326-9

Ⅰ.①儿… Ⅱ.①彭… Ⅲ.①男性—青春期—家庭教育 Ⅳ.①G782

中国版本图书馆CIP数据核字（2020）第067312号

责任编辑：闫 星　责任校对：王蕙莹　责任印制：储志伟

中国纺织出版社有限公司出版发行
地址：北京市朝阳区百子湾东里A407号楼　邮政编码：100124
销售电话：010—67004422　传真：010—87155801
http://www.c-textilep.com
中国纺织出版社天猫旗舰店
官方微博http://weibo.com/2119887771
三河市延风印装有限公司印刷　各地新华书店经销
2020年8月第1版第1次印刷
开本：880×1230　1/32　印张：7.5
字数：141千字　定价：29.80元

有人说，成长是一个美妙的过程，而对于作为教育者的父母来说，这个过程却是艰辛而忙碌的。懵懂的孩子，要面对太多诱惑，经历太多挫折。越来越多的父母发现，在家庭教育中，随着孩子的成长、青春期的来临，光靠管束和告诫是行不通的，要了解孩子的思想，就必须和孩子之间建立起互相联系的"精神脐带"——沟通，不断地给孩子输送父母爱的滋养。正如教育心理学家指出，沟通是解决一切教育问题的根源。所有的问题，也来源于沟通的缺乏。

同样，在有男孩的家庭里，孩子青春期的到来，也让父母感到教育的吃力——原来与自己无话不谈的儿子现在对自己关上了心门，一天到晚都说不上几句话；原来把所有精力放到学习上力争第一名的儿子如今却迷上了网络游戏；原来老师和家长眼里的乖儿子，却突然学会了打架……面对青春期男孩的变化，父母感到不知所措，他们很想拉儿子一把，却发现无处下手。

心理医生认为，男孩在10岁之前是对父母的崇拜期，而12～16岁是孩子的"心理断乳期"，西方许多心理学家也把青春期看作个体发展的"危险期"。男孩进入这个年龄段，随着身体的发育、所学知识的增加以及知识面、阅历的增加，他们的自我意识增强，他们渴望脱离对父母的依赖，因此，极易对父母产生"逆反心理"而不服父母的管教。

对此，一些父母以为大声呵斥就能让孩子听话，实际上，这些父母是否想过：你们要求孩子听话和了解你们的意思，但你们有没有了解过孩子的想法？要了解这些信息，父母首先要认识到沟通的重要性。

那么，什么样的沟通才是有效的？

生活中，很多父母认为自己很爱儿子，但却误解了什么是真正的沟通，他们以为坐着和孩子讲话就是沟通。其实不然，沟通，要求父母向孩子敞开心扉，要让孩子了解你的心里想法，同时也要倾听孩子的内心声音，互相了解和沟通，才能知道孩子心里到底想什么，"对症下药"才能担任孩子成长路上的引导师，帮助孩子健康成长。

现在，我们不妨先反思一下：你是否发现，儿子越来越不愿意和你交流？你是否过于唠叨？你与儿子的话题是否永远都是学习、听话？你是不是经常暗示他一定要考上大学？之所以要求我们家长反思，是因为男孩在不断长大，或多或少会表现出逆反心理，我们越是要求他们，他们越不听。最好的做法是改变我们的方式，打开与男孩交流之门，缩短与男孩的心灵距离。

的确，青春期孩子的家庭教育不是一门简单的学问，与青春期的男孩沟通更考验父母，但也并不是无法做到顺利沟通，

　　当然，这需要父母积极学习一些沟通知识。这就是我们编写本书的初衷，希望每一位家长朋友都能从本书中找到适合自己的沟通方法。

　　最后，希望每一位父母，都能在男孩青春期到来时多一份耐心，用你们的爱打开男孩的心门，引导男孩正确处理青春期成长中的一些问题，让男孩在青春期努力积累文化知识的同时，也能树立正确的人生观、价值观，从而为未来成为一个优秀的男子汉做足准备！

编著者

2019年6月

第 1 章

用爱引导，沟通需要打开青春期男孩的心门

　　教育心理学家称，沟通，是解决一切教育问题的良药；沟通，是亲子关系升温的基础。离开了沟通，所有的教育都将无从谈起。男孩一旦到了青春期，与他们在童年时期不同，他们也不同于成年人，他们的最大特点是生理上蓬勃地成长，急剧地变化，随之带来的是他们独立意识的增强，他们也渴望进入成人的世界，希望得到成人的尊重。作为父母，我们只有从男孩的心理角度出发，了解青春期男孩心理发展的特点，才能找到打开青春期男孩心门的钥匙，使他们更加健康快乐地成长。

即使再忙，也不可遗忘与青春期男孩的沟通

在现代家庭，我们发现，代际沟通似乎越来越困难，尤其是孩子到了青春期后，似乎更难了。在一些有男孩的家庭中，常听到父母这样的感叹："现在的孩子真是很不像话，小学时候还好，尤其是大点之后，自己的主意一下子多了起来，好好地同他讲道理，他却不以为然，道理比你还多，有时还把我们父母的话看成是没有意义的唠叨，总之一个字——烦！他嫌我们烦，我们因他的烦而烦，一天也说不上几句话了。"

那么，问题在哪里？是孩子的问题，还是父母的问题，还是沟通方法的问题？也许孩子不是一点问题没有，但更多的

问题可能出在父母身上。作为父母，你反思过没有，除了关心青春期男孩的学习外，你曾花过多少时间与你的儿子进行一次促膝长谈？在你的儿子还小的时候，你一般会用故事、音乐、聊天来哄儿子入睡，现在他长大了，你是否还愿意抽出时间与孩子交流呢？如果在孩子入睡前我们能一起坐下来清理一天的"垃圾"，不让忧愁过夜，这是不是一种积极的生活态度呢？

一些父母可能会说："我真的太忙了，哪有时间与儿子沟通呢？"的确，现代社会中的成年人，工作和生活压力都很大，来也匆匆去也匆匆，他们认为，只有努力工作，给孩子最好的物质生活和教育环境才是爱孩子。但其实，他们忽略的是，孩子需要更多的是陪伴，尤其是对处于人生岔路口的青春期男孩来说，沟通更为重要，因为孩子稍微不慎，就有可能误入歧途。正如有一位教育家说过："父母教育孩子的最基本的形式，就是与孩子谈话。我深信世界上好的教育，是在和父母的谈话中不知不觉地获得的。"因此，作为父母，无论多忙，也不可忽视与你的儿子沟通。当然，如何做有效的沟通，是我们需要学习与探讨的。

刘兴是一名中学老师，也是班主任，他关心班上的每个学生，他并没有把眼光只放在那些学习成绩优异的学生身上。从初一开学到现在，已经有半个学期了，他发现班上有个叫王明的男孩子，感觉总是不对劲，放学后，他宁愿在学校四处游荡也不愿意回家。于是，班主任老师决定做一次家访。原来，所有的问题都出在孩子的爸爸身上。

"我爸回家我就进卧室，吃饭做作业我都待在自己的房间里，早上等他上班了我再上学，一天下来基本上可以不说话。"王明这样形容自己和爸爸的相处方式，他们之间相敬如"冰"、互不干扰对方。

"他根本不管我，我们很少说话，即使说几句话，也会吵架。"王明说，他每次和爸爸说话，从来就是三句话不到就开始"热闹"了。

"其实我们两父子哪有什么深仇大恨，我真的是太忙了，一个人带孩子不容易，我大部分时间都在工作。"王明的爸爸这样对班主任老师说，他是个退伍军人，后来自己创业，一直很忙，以前是妻子带儿子，但三年前和妻子离婚后，他自己带儿子，又要管理公司，根本没时间教育儿子。

儿子上了初中后，更是无法沟通了，而王明也已经习惯对父亲那套"我是家长，我说什么你得听着"的理论保持沉默。久而久之，父子俩真的相敬如"冰"了。在王明看来，这种陌生人般的父子关系似乎也不赖。

很明显，王明爸爸和儿子之间问题的症结就是缺少沟通，缺乏沟通的原因在于王明的父亲太忙，久而久之，父亲与孩子之间形成了一种对峙，孩子就宁愿与他之间以陌生人的关系相处。

每一个青春期的男孩都希望得到父母的理解，因此，从现在起，我们父母每天哪怕是抽出2小时、1小时，甚至是30分钟都好，做男孩的听众和朋友，倾听男孩心中的想法，忧其所忧，乐其所乐，当孩子有安全感或信任感时，就会向其信任的成年人诉说心里的秘密。同时，我们也应该向男孩倾吐自己内心的想法，让男孩了解我们成年人，这样，才能形成良性的沟通氛围，你的儿子才会在你的爱中健康地成长，快乐地度过青春期！

总之，我们父母应记住，即使工作再忙，也要关注青春期男孩的成长，每天抽出一点时间来和男孩进行沟通！

多从男孩的角度考虑问题，让他愿意说

我们都知道，任何父母，都希望孩子把自己当朋友，对自己倾吐成长中的烦恼与快乐，然而，孩子愈大愈难与他们沟通，这是很多父母共同的感受。这是由什么造成的呢？其实，孩子也想对父母说实话，只是很多父母不懂沟通技巧，在沟通中多半端着家长的架子，甚至和孩子置气，孩子又怎么愿意与你沟通呢？其实，聪明的父母都懂得从孩子的角度考虑问题，只有用心关爱孩子，他才会愿意说，亲子间才能架起沟通的桥梁。因此，聪明的父母会使用一些沟通技巧，让孩子把自己当成"自己人"，这对维持亲子间的良好关系很有帮助。

与青春期的男孩沟通更是如此，与女孩相比，男孩一到青春期与父母之间的隔阂似乎更为强烈，从这一点看，我们要想和男孩沟通，更需要帮助男孩消除心理压力，这样他就不会对你心存戒心，沟通就会产生良好的效果。我们来看下面这位妈妈是怎么和儿子沟通的：

赵雨上初中二年级时，学校要举行全校性的语文知识竞赛，赵雨告诉妈妈："老师想让我参加纠正错别字竞赛。"

"这是件很好的事，你去报名了吗？"

"还没有。"

"为什么？是不是没有想好？"妈妈问。

"竞赛时台下会有很多人看，我有点害怕。"赵雨很紧张，毕竟这是他第一次参加这种集体性的竞赛活动。

"我能体谅你的心情，妈妈读书的时候一到这样的情况也会很紧张，但要是参加竞赛的话，也可以锻炼锻炼自己，不过这件事你还是自己决定，我只是告诉你我的想法。"妈妈鼓励道。

后来，赵雨决定参加这次全校范围内的语文知识竞赛。

案例中，赵雨的妈妈是位家庭教育的有心人，她也是明智的，她让孩子自己做决定，并且能理解孩子的心情，最终，孩子接纳了她的意见。

事实上，任何家长都必须认识到，即使他是你的儿子，但同时他也是独立的人，你如果总是把自己的想法强加给孩子，那么，你就无法真正了解孩子的兴趣、爱好，更别说他的内心世界了。因此，我们不应该把自己的价值观强加给孩子，而是应该学会从孩子的角度看问题。

在与男孩沟通的过程中，父母需要做到以下几点：

1.分享男孩的感受

无论男孩是向你们报喜还是诉苦，你们最好暂停手边的工作，静心倾听。若边工作边听，也要及时做出反应，表达自己的想法或感受，倘若只是敷衍了事，男孩得不到积极的回应，日后也就懒得再与大人交流和分享感受了。

2.尝试跟男孩交朋友

事实上，男孩都渴望交朋友，这就是为什么他们会有自己的朋友圈子而不愿与父母交流、对父母的观点嗤之以鼻，而父母要是和自己的儿子交上了朋友，就不需要再为不知道怎么跟儿子交流而烦恼。

3.让男孩根据自己的兴趣选择

我们在帮助男孩做选择时，一定要考虑他的兴趣，兴趣是最好的老师，我们可以给男孩一定的建议，但不能替男孩拿主意。例如，有的男孩喜欢看科幻小说或漫画，而你如果非让他看科普读物的话，那么男孩只会越来越排斥看书。

4.学会体谅男孩的情绪和思维，而不是嘲笑

可能在你看来，男孩是幼稚的，他的想法不可思议，但你千万不能嘲笑他，也不要以自己的思维来要求他，你要允许男孩把自己的观点表达出来。当男孩主动和你谈起他对某件事情

的感受和想法时，不要不耐烦地敷衍了事，而应该跟男孩一起聊聊。

5.善于称赞男孩

当男孩努力去做了，或做得很好时，家长要立即予以称赞和鼓励，以调动男孩的积极性，增强男孩的自尊心和自信心。这种称赞尽量不要以实物的形式，如给孩子买玩具、买好吃的东西等，因为这样容易刺激男孩的虚荣心，时间久了，反而会阻碍他的健康成长。

6.多用身体语言交流

作为父母，我们要让儿子感受到，无论什么情况，你都是爱他的，即使他做了什么错事。事实上，有时不说话，而利用身体语言，如微笑、拥抱和点头等，就可以让儿子知道你是多么疼他，而不只是在他表现良好时才给予爱的表现。

同时，与孩子身体接触，能拉近与孩子之间的距离。不难发现，有些父母只是在孩子还很小的时候才会亲孩子、抱孩子，而孩子长大一点后便忽视了这一点。殊不知，身体接触可以令孩子切身体会父母的关怀，同时别忘了接纳孩子对你们的爱意。

总之，理解男孩的感受，从男孩的角度沟通，对于父母来说，就是要让孩子感受到，父母是理解他的，是能够从他的角度思考和解决问题的，是和他站在同一个立场的。

引导男孩参与到聊天中来

在日常的家庭生活中，跟孩子聊天，听起来是一件再正常不过的事情了，然而，对于青春期男孩来说，我们父母要想与他们聊天似乎真的太难了。正如有些家长说的：要么儿子不愿意聊天，要么一言不合就展开家庭大战，最后不欢而散。其实孩子不愿意与父母聊天，多半不是孩子的问题，而是我们父母的问题，因为我们很多家长生生把"聊天"变成了"说教"。

其实和男孩聊天一点也不难，只要你从一开始就没有将他们当成小孩子，而是作为朋友一般尊重他们、引导他们，男孩自然就会向你敞开心扉。

我们来看看下面这位父亲是怎样和青春期的儿子聊天的：

这几次我和儿子谈了很多，以前，我去和儿子聊天，儿子总是一副不耐烦的样子，我还感叹和他的沟通怎么这么难。这会儿才明白，原来是我选的时机不对。就像这一次，一开始，我是在客厅和他谈的，他正在看电视，就不可能太注意我的谈话，能搭几句就不错了。等到我们一起包饺子的时候，周围很安静，也没有别的事打扰，儿子就和我聊了很多，这是与以前无法相比的。

而儿子的有些事也是我从来不知道的，包括以前老师对他做的一些事。还有，他告诉我，他要是考不上很好的大学，就出去干点什么，这是他从来没告诉我的，也是他对自己的将来做的打算。我就非常认真地告诉他，我会完全支持他做的决定，不过，现代社会，只有知识才是永恒的竞争力，书是要读的，他好像听懂了，连连点头。

和儿子聊了很多很多，我对儿子有了更深的了解。我也更有信心，儿子是非常优秀的，在许多事上虽然想得不全面，却有自己的见解。我知道，只要我坚持和孩子沟通，我和儿子之间的关系会越来越好，儿子的身心也会健康成长。

现代家庭，很多父母感叹和青春期的儿子聊天太难了，你想好好地和他讲道理，但是他道理比你还多，有时还把我们父母的话看成没有意义的唠叨，总之一个字——烦！其实，孩子不愿意与我们沟通和聊天，很多时候是我们聊天的方式不对。

为此，教育心理学家建议我们在与男孩沟通时，要记住以下几点原则。

1.别把质问当聊天

很多家长不太会跟男孩聊天，如"你今天在学校做了什么啊？""你在学校有没有乖？"

这两个问题通常小朋友的答案大概都是："没什么啊！就跟平常一样啊！""乖啊！"还有很多家长，根本不懂得什么是跟男孩聊天，他们跟小孩之间的对话永远都是："功课写完了没？""琴练了没？""今天考几分？"

这种状况比较像是质问，很难称作聊天，因为通常都是以问句始，以斥责终。

在有些家庭里，很少有其乐融融的晚餐时间、睡前时间及聊天时间。于是，你会发现，你的儿子在你面前话很少，久而久之，你对他也越来越陌生。

2.以闲聊开始

这是一个很好的聊天方法，能消除男孩与父母沟通和聊天时的紧张心理。比方说，你可以和儿子聊聊他们班上谁吃饭吃得最慢、谁最常被罚、谁功课最棒、谁今天又打了谁等，也可以聊聊你今天下班路上遇到的人和事，让男孩也谈谈自己对这件事的看法。

当然，在聊天过程中，我们就能窥见他处于什么样的位置、对同学的行为有什么样的看法，了解孩子在我们看不见的时候，是用什么样的身心状态去处事。

3.不要"否定"，只要"同理"

大人跟孩子聊天，很容易发生的　个状况，就是大人常常

喜欢否定孩子的感受。比方说，当儿子说"政治课无聊死了"的时候，你就不能接着说："政治课不无聊啊！各个朝代的政治纲领研究起来很有趣呢……"

其实，只要你这么一说，这个话题就聊不下去了！因为当儿子觉得你并不认同他说的话时，他后面的话很容易就咽了回去。

比较好的方式是回答：

"哦，政治课很无聊啊，你可以告诉我是什么让你觉得很无聊吗？"

"我本来以为大家可以各抒己见谈谈自己的政治看法，结果只是听老师讲各种政治理论。无聊死了！

保持中立的语调，同理他的感受，往往可以让你知道孩子更多的想法，了解他的需求，进而帮助他解决困境。

事实上，孩子当下需要的不是"否定"他的心情的对话，而是"了解"他的心情的对话。

4.只要"倾听"，不要"说教"

和男孩聊天，最忌讳的就是说教。任何一种话题的聊天，只要沦落到说教与听训，那就没趣到极点了！所以，聊天时可以对对方、对话题保持高度的兴趣，多询问、少评论，多说"你"，少说"我"，这样就很容易让话题源源不绝地继续下去。

最后要提醒大家的，就是在跟男孩聊天时，有时男孩一时说出一些令你惊讶、反感的事时，切记要"不动声色"。声调平常、假装毫不在意，这是很重要的。

在尚未明白事情真相或者尚未想出如何应对之道时，先保持朋友般的倾听，是很重要的！跟男孩"说教"或"讲道理"的时候，最好跟聊天分开，这才能够让男孩畅所欲言、无所不言！

温柔对待青春期男孩的错误

人类的学习过程自古至今都遵循这样一条规律：错误、学习、尝试、纠正。在这个不断循环的过程中，人类得以成长。我们对待青春期男孩的教育问题也是如此，青春期是冲动的年纪，难免犯错，温柔地对待男孩所犯的错误，让男孩自己认识到错误，让他在错误中得到真理，得到正确的做事方法。作为父母，如果把错误这个源头彻底消灭，那么你的儿子也不会有成长，更会打击孩子的自信心。

因此，要允许你的儿子犯错，让他在不断的犯错过程中积极主动地去探索、去学习。另外，犯错误可能是孩子不专心、没耐心、能力不够引起的，父母都应该温柔地对待，应该耐心地帮助和辅导他改正错误，绝不要横加指责，否则很容易导致你的儿子产生自卑感。

那么，家长在面对男孩犯错的时候，应该怎么做呢？

1.表达你对他的爱，做他的"知心朋友"

每个男孩，尤其是到了渴望倾诉的青春期的男孩更希望自己有一个可以交心的好朋友，能够在自己迷茫的时候给自己指点；在自己不高兴的时候静静地坐在自己的身边聆听；能在自己犯错的时候为自己指出问题的症结。但很多情况下，儿子的这位知己并不是父母，因为父母放不下作为家长的威严，很多男孩知道自己的父母做不到这一点，所以他们如果有了心事，宁愿找自己的朋友去倾诉，也不愿意告诉父母。不是儿子不愿意把父母当作知己，而是父母首先没有做儿子"知己"的意识。

所以，父母不妨放下架子，平等对待儿子。英国教育家斯宾塞说："沟通不是在任何人之间都能实现的。父母只有放下架子，做孩子的知心朋友，才能实现最成功的沟通。"

2.温柔地对待男孩，也要让他为自己的错误付出一点代价

孩子犯错总是在所难免，每当孩子闯下大大小小的祸，作为警醒或教训，家长都会对孩子进行一定的惩罚。但惩罚仅仅是打和骂那么简单吗？怎样的教训才会起到理想效果？惩罚有些什么方式？惩罚的"度"在哪里？惩罚过后，面对孩子的情绪，家长又该如何做好"善后"工作？

每个人犯错都是要付出代价的，如果因为的错误而没有受到相应的惩罚，那么错误还可能会延续下去。生活中，很多父母看到儿子犯了错误，马上帮他纠止，这样就可能使儿了虽然意识到了自己的错误，但印象并不深刻，从而导致错误一再地出现。

老刘的儿子第二天要出去郊游。这天晚上，老刘就对只顾看电视的儿子说："小明啊，先别看电视了，准备准备明天去

郊游的东西吧，否则明天早晨又要手忙脚乱了。"儿子一边嗑瓜子，一边说："爸爸你可真啰唆，我这么大了，会照顾好自己的，东西都准备好了。"老刘就没再说什么，可是却发现儿子换洗的袜子没带，帽子也没装进包里。老刘的妻子正要帮儿子收拾，老刘却制止住了她。

儿子郊游回来后，老刘问："玩得怎么样啊？"儿子说："很好啊。就是没换洗的袜子穿，天气太热了，帽子也忘带了，我都晒黑了，下次可不能再这么丢三落四的了。"

老刘是位很聪明的父亲。他阻止了妻子的行为，就是要让儿子为自己犯的错误付出一点儿代价。如果妻子帮助儿子准备好了，儿子依旧是一副没记性的样子，并且还会产生依赖心理：我没准备好没关系，还有我老妈帮我弄呢。所以，要想让儿子对自己的错误记忆深刻，以后不犯类似的错误，不妨让他吃点苦头。

家长大多相信棍棒比说教更能让男孩牢记错误，当男孩犯错的时候，采取严厉的惩罚措施，甚至是体罚，体罚正是中国家长对孩子常用的方式，包括打揍、罚站、面壁等。由于体罚总伴随着家长的情绪爆发，容易使孩子产生逆反心理或委屈情绪，甚至导致自信心的丧失，这对于男孩的成长极为不利。其实，"牢记错误"不是重点，"改正错误"才是目的。家长不妨温柔地对待男孩的错误，用正确的方法引导，不仅会让男孩意识到自己的错误，还增强了男孩勇于发现并改正错误的信心和勇气。

将命令改为建议，青春期男孩更易接受

我们发现，在有男孩的家庭中，很多家长在要求自己的儿子做事时，往往喜欢使用命令句式，因为他们以为，孩子天生是应该听父母话的，应该由父母来决定他的一切，如"就这样做吧""你该去干……了"。这种语气会让男孩觉得家长是说一不二的，自己是在被迫做事，即使做了心里也不高兴。而到了青春期，很多父母发现，自己的这招似乎对儿子不管用了，甚至一些男孩会和父母对着干，很多父母纳闷了，怎么儿子越来越不听话了。其实，对于青春期的男孩来说，他们需要的是父母的尊重、理解和支持，而不是命令和训斥，所以，我们在与男孩沟通时，不妨将命令式语气改为启发式语气，如"这件事怎样做更好呢""你是否该去干……了"，这种表达方式会让孩子感觉到家长对自己的尊重，从而引发孩子独立思考，按自己的意志主动处理好事情。

这天，在一个心理诊所，一位母亲表示很苦恼，希望得到医生的帮助。这位母亲说，他的儿子过了这个暑假就念初三了，可不知怎么回事，从这个暑假一开始，就感到儿子好像变了一个人，平时要么是一个人闷在房间里上网、玩游戏，要么就是对家长不理不睬。更奇怪的是，前两天她和爱人想跟儿子好好沟通一下，谁知没说几句话，儿子就顶撞说："我就是不知好歹、不可理喻。"还用电脑打了"请勿打扰"贴在自己的

房间门上面，气得自己无话可说。

心理医生也邀请了这位女士的儿子参与到心理咨询中，这个男孩告诉心理医生："我妈一开口就命令我，好像命令她们单位的员工一样，我受够了，索性不跟她说话。"

实际上，和案例中的这位母亲一样，我们很多家长在与青春期男孩沟通时，都认为自己是过来人，在很多问题上更有"发言权"，于是，他们更喜欢命令男孩。而青春期的男孩开始有了强烈的自我意识，所以，一旦男孩坚持自己的立场，那么，便极容易产生一种与父母对立的情绪。其实，作为父母，如果能理解男孩的想法，你会发现，孩子的想法也有其一定的道理。

还有一些父母，一旦看到男孩出现与以往不同的举动，就认为是青春期的逆反行为，担心自己的让步就意味着孩子的越轨，所以，他们更趋向于命令男孩，甚至指责他的行为，这样，对孩子的每个小细节都横加指责就会使较小的争吵升级为全面战争。因为，孩子最厌恶的就是父母对自己管得太多、干涉太多。

对于每一个青春期男孩来说，他们确实有很多困惑，他们更希望家长能以朋友的身份倾听他们的烦恼，更希望家长能给他们一些中肯的建议，而非强制性的命令。因此，我们家长都要尽量放下长辈的架子，将命令改为建议，进而与男孩沟通。具体说来，我们要做到以下几点。

1.了解孩子的逆反心理

在青春期到来之后，随着生理上的变化，男孩的心理也会产生强烈的冲击，自我意识的增强，开始让他们逐渐认识到一个不同于儿童时代的"我"。此时，他们会发现，原先的自己只不过是父母、老师的"附属品"，甚至连他们的个性似乎也是父母长辈造就的。当认识到这一点以后，他们开始生气了，开始渴望与原先的"我"、与对父母的依赖决裂，他们要求独立、自主，从原先的一切依赖中挣脱出来，寻求真正的自我。因此，如果老师管教他们，他们就会觉得又做回原先的"我"，于是，他们急于"发泄"自己。

2.给自己"洗脑"，摒弃传统的家长观念

我们要想使自己与儿子的关系更加亲密，让男孩乐意与自

己"合作"，家长首先要做的就是给自己"洗脑"，即打破那种传统的家长观念，不是去挑孩子的毛病，而是不断使自己的思维重心向这几个方面转移：儿子虽然小，但也已经是个大人了，他需要尊重；我的孩子是最棒的，他具备很多优点；允许男孩犯错误，并帮助孩子去改正错误……

我们不能太看重自己作为长辈的角色，因为长辈意味着权威和经验，意味着要让别人听自己的。

3.把命令改为商量

在很多问题上，父母不要太过武断，也不要替男孩做决策，而应该先问询孩子的意见，"你是怎么认为的呢？""你打算如何处理呢？""你打算什么时候开始做呢？"这就表示了我们对男孩的尊重，在了解了他的想法后，如果有些部分不正确，那么，我们再以研究和探讨的语气与之商量："我能理解你的想法，但我们还要考虑这件事的可行性，不是吗……你认为妈妈的意见对吗？"

青春期的男孩都是聪明的，有判断力的。如果你的话有道理，他也是会采纳你的建议的。同时，交流会越来越多，亲子关系会更好。

再如，男孩想周末去朋友家玩，你可以和他商量，让其和更多的孩子交往，但一定要讲究原则，如他去的地方要告知家长，他什么时候回，都有哪些人，玩多长时间。如果他要求在朋友家住，你要告诉他不行，如果晚了，爸爸妈妈可以去接他。那样爸爸妈妈不会担心，支持他，也告知他不能破坏原则。这样男孩得到他的快乐，也不会放纵。给男孩一个空间，让他自己去体验，去成长。家长永远是孩子的后盾，是支持者和帮助者，才不会让孩子离自己越来越远，才会让孩子幸福快乐地成长。

以商量的方式去解决问题，即使商量失败，但感情氛围会增强，有利于以后问题的沟通。家长经常犯的错误是，当前问题没解决，还破坏了感情气氛，阻断了感情沟通，失去今后问题解决的机会。

总之，对于青春期叛逆的男孩，支持要比压制好，商量要比命令好。另外，只要孩子的想法合理，就要给予全力的支持！

读懂青春期男孩叛逆行为背后的心理需要

在家庭教育中，很多父母发现，男孩一到青春期，就像换了一个人一样，以前的男孩听话、懂事，但到了青春期以后，则变得叛逆、自闭、不愿意与父母沟通，甚至早恋、上网、打架等。作为父母，我们操碎了心，一些父母为了不让男孩走上错误的道路，尝试与男孩进行沟通，在沟通无效的情况下，开始对男孩的行为进行横加干涉和指责。但通常来说，这些压制的措施都无济于事，甚至会导致亲子关系的紧张，其实，我们父母眼中的一些叛逆行为，有些是男孩成长过程中的正常表现，有些则与家长的控制有关。我们的孩子是成长中的个体，每天都在不断发生着变化，父母的教育方式也应随之改变。我们要试着解读男孩行为背后的心理需求，找到与男孩沟通的正确方法，进行正确引导，进而给予男孩支持，帮助男孩顺利度过青春期。

在某中学的一次家长会上，很多家长纷纷提出，儿子上了中学之后脾气就变坏了，父母的话根本听不进去，甚至还公然和父母对抗。

"儿子以前读幼儿园、小学时很懂事乖巧，叫他做什么就做什么。自从上了中学就跟变了一个人似的，老说我唠叨，多说一句就厌烦我，摔门走开。我为他做了这么多，还不领情！"

"儿子 13 岁，年前还是个很听话的孩子，过完春节就不行了，学习成绩急剧下降，偷着上网吧，跟不好的孩子玩，作业也不做。我现在处处监督他，可是他越管越不听，特逆反，老跟我顶嘴，和我对着干。我让他往东，他往西；吃饭时，我让他多吃蔬菜，他就是要吃肉；我让他买绿颜色的衣服，他就是要买黄颜色的。反正总是犯拧，求他也不是，骂他打他也不是。我没招儿了！"

可能不少父母都和故事中的家长一样，为什么男孩小时候那么听话，一上了中学好像就变得犯拧了，为什么现在的脾气这么大，为什么总是要与父母对着干？到底是什么原因？

教育心理学家称，人的第一个反抗期出现在3～4岁。从心理成长的角度来说，孩子在3岁之前，是与父母处于一体的状态，但在3岁以后，他们的大脑皮层快速发育，语言、运动能力大大提高，渐渐能够区分自己与环境的不同，所以，此时他们开始希望自己能独立行动，如果家长处处管着他们，他们便开始反抗，从而事事与父母对着干。

作为父母，我们要用心去感受男孩成长的变化，来合理地引导男孩。好的教育是让自己的教育方式适应孩子，而不是让孩子来适应你的教育方式。对于男孩的成长来说，我们不要认为在他小时候你所给予他的教育方式是正确的，毕竟那个时候的男孩很小，无法反抗和拒绝父母。而现在，长大的男孩已经懂得如何说不，敢于违抗父母的意思了，此时的家长突然不知道如何是好了……

　　的确，可怜天下父母心，所有的父母都认为自己爱孩子，但却不知道怎样教育孩子，一味地训斥孩子只会让男孩更加反抗。其实我们要从男孩的成长特点和心理变化着手，如果男孩总是和我们对着干，那么，我们首先要反思自己，看看自己是否真的理解男孩。

　　我们父母没有认识到的是，男孩任何一种叛逆行为的背后，都有其深层次的需求。那么，青春期的男孩叛逆背后有哪些心理原因呢？

　　青春期男孩之所以产生叛逆心理，有以下三个方面的原因。

　　第一，青春期男孩因为身体发育产生了一些属于青春期的独特心理。身体上的变化、第二性征的出现给他们的心理造成了一些冲击，他们往往会对此感到不知所措，因此，他们便会产生浮躁心理与对抗情绪。

　　第二，除了身体上的发育并趋于成熟外，青春期男孩还渴望独立，希望周围的人把自己看成成年人，因此在面对问题时他们常常呈现一种幼稚的独立性，并未成熟的他们处在反抗期内。

　　第三，自我意识的增强、社会上各种新奇事物的冲击也让青春期男孩对很多东西产生兴趣，他们便要通过表现个性、追逐时尚等方式来满足其好奇心。

　　还有很多其他因素，如社会和家庭教育的不足，也成为青春期男孩叛逆的源头。此外，青春期男孩如今面临的各种压力，如就业压力、学习压力以及生活中的无聊情绪等，也是叛逆心理产生的"沃土"。

总的来说，在男孩有逆反苗头的时候，家长首先要反思，看看自己否真正理解男孩，看看自己是否挑起了沟通中的负面情绪，或者男孩对自己的什么地方有意见，有针对性地找办法解决。

第 2 章

宽容至上，教育青春期男孩需要耐心

　　对于青春期男孩的教育，一些家长表现得过于焦躁，一旦男孩达不到父母的要求，就会指责、呵斥或者苦口婆心地劝说。但其实，一切教育问题的根源都在于缺乏沟通，尤其是对于青春期的男孩，我们要比以往阶段更有耐心，只要我们和男孩建立了良好的沟通渠道，我们就能更好地引导男孩，从而达到帮助男孩顺利度过青春期的目的。

男孩总是顶嘴，请耐心引导

在很多有男孩的家庭里，可能父母都有这样的感触：儿子到了青春期，最大的变化莫过于顶嘴了，好像你说什么他都要反驳。面对儿子这样的变化，一些父母开始焦躁起来，他们企图通过提高音量来命令和呵斥男孩，但其实这样的方法根本不奏效。作为父母，我们要知道，男孩的青春期来得猛烈，他们自身也猝不及防，此时更需要我们父母的耐心指导，男孩顶嘴，其实是男孩企图脱离父母怀抱、渴望独立的表现，如果我们比男孩还焦躁，就很容易让亲子间的沟通陷入僵局。

我们会发现，男孩到了青春期后，好像总是故意和自己作对似的，总和自己唱反调。很多父母感叹："我让他往东，他就是往西。""我说的话，他就没有听过。"的确，青春期的孩子，常常会产生逆反心理。逆反心理是指人们彼此之间为了维护自尊，而对对方的要求采取相反的态度和言行的一种心理状态。

作为父母，我们自身也应该反思，你理解你的儿子吗？你有真正聆听过他的想法吗？很多时候，叛逆的青春期男孩并没有太大的事情，他们只是想找个倾诉的人而已，把内心的烦躁说出来。

我们不要以为以前的教育方式就是很正确的，那是因为孩子还太小，处于弱势，没有拒绝的权利和抗拒的能力。而到了青春期，男孩就敢于对家长说"不"，敢于"抗旨"，而家长也开始变得困惑、生气、抱怨、伤心……

那么，对于男孩顶嘴的问题，我们该如何解决呢？

1.给彼此5分钟冷静的时间

任何教育方法的前提都需要我们父母能够控制住自己的情绪。在气头上的父母，怎么会有能力、有智慧运用良好的方法呢？

"5分钟后再谈"。面对男孩的事情，给自己留5分钟的冷静时间，冷静下来，你会发现其实没什么大不了。男孩走进青春期，需要父母用耳朵、用心去倾听孩子，理解孩子。

2.做出一些让步

让步可以在很多时候表明你欣赏男孩的成熟，并且意识到

他对更多自由和自主的需求。

这里，我们需要明白两点。

（1）可以商榷的。对于那些不影响学习、不涉及男孩的生活质量和生活习惯的，就是可以商榷的。例如，睡觉时间、发型、衣服的样式，这些可以商榷，并达成协议。

（2）不可以商榷、妥协的。不符合以上原则的，也就是不能商榷的。例如，男孩不做作业、抽烟喝酒等，就绝不能妥协。对此，即使他与你争吵，你也不必害怕破坏与孩子间的关系一味妥协让步，需要通过规定限度与制订标准来规范孩子的行为。

事实上，即使父母的规矩不多，他们也不会得到青春期孩子的"较高评价"。父母可以通过交流与让步避免强烈的冲突，但是他们必须制定一些标准，这是让男孩学会自律的主要方式之一。

3.不妨让男孩吃点"苦头"

这个阶段正是男孩形成主见的关键时期，小错肯定难免，所以，家长应该允许他犯一点错、吃点亏，不要过分束缚男孩的手脚。

举个很简单的例子，如果你的儿子"要风度不要温度"，寒冬腊月坚决不穿毛衣，如果商谈没成功，不用着急，让他挨冻一次没关系，真感冒了，他就会明白你的意图，至少以后会考虑你的意见。

4.契约法

父母与男孩之间的冲突，都是因为在某些问题上没达成一致意见，于是，男孩还是继续挑战父母的极限，他高举着"我青春期了，我要……"的大旗，明明规定的是晚上8:30之前回家，但是最近男孩总是频频违规，少则9点，多则10点多。面对这样的孩子，你会怎样做？

对此，我们可以采用契约法。

如果你是一个事必躬亲的家长，连儿子的饮食起居、学习、情感都想掌控，那么，你必须做出一些改变。

其实，"契约教育法"的秘诀就在于：儿子的行为一旦约定俗成，家长就不用三令五申，照章考核孩子的行为就行了。它可以帮助男孩进行自我观察，建立良好行为，父母省去了许多说教，亲子之间的情绪冲突人大减少，男孩也会因此学会自主管理。

总之，如果青春期的男孩总是顶嘴，我们就要作出教育方法上的调整，尤其是在沟通的问题上，要做到耐心对待，支持要比压制好，商量要比命令好。另外，只要孩子的想法合理，就要给予全力的支持，这样才能让男孩在体验中成长。

男孩遭遇失败，请善待你的儿子

在教育界，流行这样一句话：困难和挫折是一所最好的学校，在这所学校里，孩子能历经磨炼，"艰难困苦，玉汝于成"。没有尝过饥与渴的滋味，就永远体会不到食物和水的甜美，不懂得生活到底是什么滋味；没有经历过困难和挫折，就品味不到成功的喜悦；没有经历过苦难，就永远感受不到什么叫幸福。在男孩的教育上，尽管每位父母都不想让我们的孩子去经历苦难，希望他们的人生路上充满笑脸和鲜花，但生活是无情的，每个人的人生路上都会有各种各样的苦难，畏惧苦难的人将永远不会有幸福。

对于青春期的男孩来说，他们更是处于人生的岔路口，身体的快速成长、学业的压力，都会给他们的心理造成冲击，一个小小的失败或挫折，都有可能让男孩一蹶不振。此时，就需要我们为人父母的耐心与宽容，需要我们用心引导男孩。相反，一些父母在男孩遭遇失败时，不问青红皂白就横加指责，这不仅不利于男孩重塑自信，更有可能引发男孩的对抗情绪，增加我们与男孩沟通的难度。

洋洋是个学习成绩一般的孩子，现在他已经上初二了，马上，他也要和很多面临中考的孩子一样经受高强度的学习压力，他知道学习的重要性，但每次考试的不理想已经让他没有多少积极性了。这次，洋洋又考了个不高不低的70分。

　　这天，他的心情很不好，放学回家后，就直接进了卧室，连饭都不出来吃。

　　妈妈一看，便知道原因，她并没有责备洋洋，而是耐心地问洋洋："你前一名的同学考了多少分？"

　　"75分。"洋洋小声地回答。

　　"儿子，别灰心，咱下次考试的时候争取超过他，好吗？"妈妈试探着问道。洋洋毫不犹豫地说："行！"洋洋这时在想，区区5分，肯定能超过的。

　　从那以后，洋洋很努力地学习，不仅上课认真听讲，还按时完成作业，对于自己不懂的问题，不是问老师就是问同学。终于，在一个月后的会考中，洋洋居然考了85分，连他自己都没有想到。

我们发现，洋洋的妈妈是个聪明的家长，面对孩子在考试上的失利，她并没有批评，而是给孩子设置了一个小的目标——超过前面最近的那个同学，这对于孩子来说是很容易达到的目标。结果，洋洋通过妈妈的鼓励和自己的努力，不但成功了，还给妈妈一个惊喜。

可见，在青春期男孩面对失败的时候，父母要考虑他们的心理承受能力，要重在鼓励，让孩子从失败中获得教训，进而奋起直追，从而一步步走向成功。

生活中，很多家长看到儿子犯错误就急了，批评起来过火，也不注意方式和场所，就大声地呵斥孩子，甚至在很多围观者的面前动手打孩子；有些家长更过分，只要儿子犯了一点小错，就新账旧账和孩子一起算，把陈谷子烂芝麻的事情一股脑儿地给抖搂出来，以为这样的强刺激对孩子会起到较深刻的教育作用。而家长忘记的是，这样批评男孩，会严重伤害男孩的自尊。其实，你越过火孩子越反感，不仅未取得应有的教育效果，反而让你的儿子对你产生严重反感情绪，这时候，你就失去了教育孩子的"武器"——父母的威严，严重的，很多男孩会产生逆反情绪，甚至会反抗父母的教育。

那么，作为父母，当我们的儿子遭遇失败时，我们应该怎么做呢？

1.帮儿子找出失败的原因

孩子失败是不可能避免的，我们父母不要大惊小怪，应正确对待，弄清楚孩子犯错误的原因。从年龄角度出发，孩子有犯错误的"权利"。他们年龄小，经验很不足，辨别能力又很低，缺乏抵制能力和自制能力也是使得他们失败的原因。

2.适当表扬，让失败的男孩重获自信

男孩失败后，当他误以为自己走投无路的时候，他最需要父母帮助他点燃心中的希望，看清自己的潜力。那就鼓励孩子坚信挫折只是暂时的，因为绝境与努力无缘。孩子在你的鼓励下就会跃跃欲试，孩子有了成功的体验，就有面对困难懂得尝试的意识了。

3.鼓励尝试

男孩有时会拒绝尝试新的或他们曾经无法做好的事，但如果父母帮他们将目标确定成"试一试"，而不是"成功"，孩子的内心就会轻松许多。如果他们被剥夺了尝试的机会，也就等于被剥夺了犯错误和改正错误的机会，那么离成功之路也就越来越远。父母的聪明之处在于：即便是一次失败的努力，也让孩子觉得从中有所收获。所以当你的孩子拒绝尝试时，父母要及时地给予鼓励，鼓励孩子去尝试，哪怕是一次失败的尝试，如果男孩能在尝试中成功，那就会给他们以成就感，从而获得面对困难的勇气，如果尝试失败了，父母再出面予以帮助，使男孩在帮助中获得技能，让他懂得面对困难挫折不是退缩，而是勇敢地去解决。

4.借助男孩的其他优势来激励他

在某一领域里的充分自信，可以帮助孩子更好地面对来自其他方面的挫败。如果面临挫折，孩子将自己的优点丢在脑后，父母一定别忘了提醒他，借助优势增强他改变弱势的信心。

总之，作为男孩的父母，不要让你的儿子成为一个弱者，不要让他在失败中不堪一击，不能让他像鸵鸟一样在遇到危险的时候，就把自己的头藏在沙土中以获得心灵上的解脱。这就需要我们父母掌握好教育的方法，不要在男孩受挫时依然放大他们的失败；相反，我们应该帮他们重获信心，培养男孩的抗挫折能力和越挫越勇的斗志，应该让男孩时刻记得，放弃就意味着失败，尝试就有成功的可能！

幽默沟通法，让亲子沟通更有趣

在家庭生活中，可能不少父母和男孩之间的沟通模式要么是"一问一答"式，要么是命令式，沟通的主题一般也是生活或学习，为此，不少男孩觉得这样的家庭氛围是沉闷的、无趣的。而对于青春期的男孩来说，在这样的氛围下，他们似乎更不"配合"了，很容易产生对抗情绪，更别说进行良好的沟通了。其实，我们不妨用幽默法沟通，开开玩笑，能帮助我们摆脱沉闷的沟通氛围，也能让家庭生活富有生机，这样男孩就能感受到来自父母的关心和爱护，这样的家庭就像一个乐园，欢笑和美好充斥着每一个角落，这对青春期男孩的健康成长是非常有益的。

有一位幽默的老师，经常妙语连珠，就连批评人，也是意味深长，令人终生难忘。例如，考试有人翻书作弊，他说"微闻有鼠作作祟祟"。他说得如此含蓄委婉，被他批评的学生，还有谁再作弊了呢！后来，他班上的同学也都一个个变得很幽默。有位家长学习到了这种幽默的教育方式，他在教育儿子时，不自觉地也采取了幽默的方法，如儿子生气了，他说是"晴转多云"；儿子伤心流泪了，他劝儿子"轻伤不下火线"。餐桌上，他还经常来几个即兴小幽默，让大家开开胃。他这样做，既活跃了家庭的气氛，又拉近了和孩子的心理距离。培养孩子的幽默感不容易，它不是一蹴而就的，需要循序渐进。

大概每位家长都希望找到与男孩有效沟通的方式，都希望孩子能接受自己的教育方法。其实，尝试运用幽默法来进行亲子之间的沟通，不仅能产生极好的沟通效果，还能让孩子逐渐获得幽默的个性品质，要知道，一个具备幽默感的人是更受欢迎的，因为谁都不会拒绝能带给自己快乐的人。

小明的妈妈学历不高，现在，她越来越感到自己文化知识的不足，于是，她决定从头开始，先学习英文，这下子，儿子就成了她的老师。

这天，小明正在看电视，妈妈捧了本书进来，说道："给我翻译几个句子。"老妈看着书上的句子问道："这个'I don't know.'是什么意思？"小明一看如此简单便脱口而出："我不知道。"老妈有点生气："送你上了几年大学，你怎么什么都不知道！"小明说："不是，就是'我不知道'嘛。"老妈："还嘴硬！"不容分说，老妈啪啪几掌打得小明乱跑。

老妈："你再给我说说这个'I know.'是什么意思？这个你该知道吧，给我说说。"小明说："是'我知道'。"老妈："知道就快说。"小明说："就是'我知道'。"老妈："找碴儿呀你，刚才收拾你收拾得轻了是不？"小明说："就是'我知道'呀！"老妈："知道你还不说，不懂不要装懂！"

老妈："你给我小心点，花那么多钱送你上大学，搞得现在什么都不会，会那么一丁点儿东西还跟老娘摆谱，再问你最后一个，你给我好好解释一下，说不出来我再收拾你，你给我翻译一下'I know, but I don't want to tell you.'是什么意思？"结果小明的翻译又招来一顿骂。"儿啊，'I'm very annoyance. Don't trouble me.'是什么意思啊？"小明："我很烦，别烦我。"

老妈："找打，跟你妈这么说话。"老妈再问："'Look up in the dictionary.'是何意啊？"小明说："查字典。""查字典我还问你做甚？"老妈又问："'You had better ask somebody else.'怎么翻译呢？"小明说："你最好问别人。""你

是我儿子，我问别人干吗，又找打。"　"'God save me！'
呢？"　"上帝救救我吧！"　"要你老妈玩儿，上帝也救不
了你！"

老妈刚要动手教训小明，小明连忙说："是世上只有妈
妈好的意思。"　"嗯，这还差不多，一会儿我给你做好吃
的，明天再问你。"在一旁的老爸听了这对母子的对话都笑
喷了。

估计我们看完这对母子的对话，也会笑得前俯后仰，小明
的妈妈很好学，但她问小明的问题都太巧合了，即使小明的翻
译没有任何错误，翻译的意思也会使人误会，这让小明一时无
所应对，而小明的妈妈则以为儿子在"戏弄"自己。正是这种
答非所问、歪打正着的幽默，为平淡的生活增添了乐趣，使得
小明一家妙趣横生、其乐融融。

幽默感，指的是通过语言或肢体语言的表达方式，让与自己互动的对象感到愉快。有这种言行举止的人，我们称为具有幽默感的人。具有幽默感的孩子通常很乐观，在生活中不断地制造欢笑，让周围的人感到轻松愉快，自己也会富有成就感和自信。因此如果我们能将幽默法运用到与青春期男孩的沟通中，则更容易获得男孩的亲近，幽默还能帮助男孩更好地应对生活和学习中的压力与痛苦，从而帮助他们轻松愉快地度过青春期。

当然，真正的幽默不是苦心经营的语言游戏，不是刻意制造的文字陷阱，它应该是一种洞察一切的睿智，是面对困境的从容不迫，是自然而然的生活积淀。幽默感不是与生俱来的，是后天养成的。一个有幽默感的人首先是一个热爱生活的人，他要有乐观自信的人生态度，有积极进取的奋斗精神，即使面对失败也能坦然一笑。每一个做父母的，要想提升自己的幽默能力，都要多从知识中积累、生活中沉淀，并且以自己积极乐观的性格影响男孩，让男孩受益一生。

与青春期男孩沟通要多点耐心，少点责备

在中国几千年的家庭教育模式中，家长似乎都是高高在上的，似乎都是正确的，是无所不知的，而孩子则是无知的、幼

稚的，所以父母都认为孩子必须听父母的话，只有在孩子心中树立威严，才能让孩子接受自己的教育方式，而实际上，21世纪的今天，孩子越来越要求和家长平等对话。这一点，在青春期男孩身上尤为明显，对于很多青春期男孩来说，他们都渴望父母能尊重和理解他们，因此，父母不要一看到孩子做了不顺自己心意的事情就劈头盖脸地斥责孩子。不管什么时候、什么事情，父母一定要多点耐心，多点宽容，让男孩感受到来自我们的爱，这样的沟通才是良性的、积极的，才能真正起到帮助男孩成长的作用。

梅女士的儿子小刚是某校一名初二学生。有一天，他正走在上学的路上，突然间，他想起昨天晚上的作业忘记带了，于是急忙又掉头往家跑。当他掏出钥匙打开家门时，看到妈妈正从自己的房间里出来，脸上带着不自然的表情。小刚走向自己房间去拿作业本，推开房门，他愣住了，一眼看到自己书桌的抽屉全部敞开着，自己的日记本、同学送的生日礼物及贺卡等全都胡乱地堆在桌子上。

小刚非常生气地质问妈妈："你为什么翻我的抽屉，随便动我的东西？"

没想到梅女士却比他还生气："怎么了？当妈妈的看看儿子的东西还有错吗？"

"可是你应该经过我的允许才能看啊！"小刚很愤怒地回答妈妈。

　　"小孩子有什么允许不允许的，别忘了我是你妈妈，好了，快去上学吧！"梅女士毫不在乎地对小刚说。

　　生活中，这样的场景并不少见，在不少父母看来，青春期是暴风雨般的季节，对于儿子的成长，一定不能忽视。于是，为了防止危险事件的发生，他们显得过于焦躁，经常采取类似于偷看儿子的日记、检查信件、追查电话、查阅短信、翻查书包等方法来"监察"孩子的行为。但其实，在男孩看来，这都是对男孩的不信任、不尊重，伤害了男孩的自尊心，让他们感到不舒服。于是，这些男孩对父母的行为很反感，甚至拒绝再次与父母沟通。

　　总之，在与青春期男孩沟通的过程中，如果我们能多点耐心，摒弃孩子总是无知和幼稚的偏见，真心地接纳孩子，那么，孩子一定能感受到来自你的尊重，进而愿意和你做朋友。

　　具体来说，需要注意以下几点内容。

1.尊重男孩的智力和能力，要有耐心

　　例如，在学习的过程中，对于男孩遇到的问题，你不必马上给出答案，而应该和男孩一起钻研，与男孩共同解决问题。当男孩思考问题存在不足时，不必急于指正，这时我们可以坦率地承认自己也犯过类似错误，巧妙地指出男孩的错误，这对培养男孩的自信心有极大的帮助。

2.多理解，少责备

在青春期，不同的男孩依据转变程度的不同会出现不同的状态，他们非常渴望家长的理解。生活中，一些父母，只要认为男孩做错了事，就不分场合、方式地批评他，可以说，这是家长的通病。而实际上，这个时段的男孩是叛逆的，也是脆弱的，有时候，你不经意的一句话就可能伤害他们的自尊心，渐渐引起男孩内心的愤恨、埋怨，甚至仇恨。

所以父母批评男孩前先要弄清缘由，不要乱批评；需要批评时，要注意语气、场合和方式；批评时要循循善诱，使他心甘情愿接受。对男孩遇到的困难和挫折，要真心帮助解决。

3.尊重其自尊心

我们父母要尽量支持男孩，尤其在他们遭遇困难、失败的时候，要帮助他们分析事件和自己的心理，理出一条可行的，能够被孩子接受而不僭越事物寻常规则的解决方案。

另外，家长不应迁就男孩不合理的，伤害自己及他人的行为，尤其在过激行为上要加以制止，以防男孩以后总是用反抗的方式来要挟父母达到自己的目的。但切记通过男孩能接受的、说服式的方式，避免硬碰硬，伤害到一些内心比较敏感脆弱的男孩的自尊心，而导致他们封闭自己的心门，不再和父母沟通交流。

4.给男孩表达的机会

作为家长，要在家庭中发扬民主，平时要多注意和男孩沟通，让男孩发表自己的观点，这可使男孩感觉到无论做什么，只有"有理"才能站稳脚跟，对发展男孩的个性极为有利。

总之，在与青春期男孩沟通的过程中，无论是什么问题，作为父母，我们一要不害怕，二要教育引导，三要注意方式。这样就能与儿子建立一种亲密的平等的朋友关系，帮助其顺利度过这个"心理断乳期"。

男孩犯错，不要急于做出判断和结论

对于成长的青春期男孩来说，犯错在所难免，成长本来就是不断犯错和不但改正的过程，男孩犯了错，我们就要批评，这是一种必须的教育手段。然而，聪明的父母都会将批评融入亲子沟通中，而不是劈头盖脸地一顿骂，父母一定要给孩子一个解释的机会，接纳孩子的感受，才是正确的教育方法。如果家长不及时修正自己的沟通策略，形成与男孩的对立局面，那么，和孩子之间的误会就会越来越深。那些经常被喝令"你不用解释"的男孩，渐渐放弃了为自己辩解的权利。他们背负着很多的委屈，一个人默默承受，而这样的负担可能会造成严重的心理问题。

林太太是一家外资企业的部门经理，她有个很可爱的儿子，但她工作非常忙，有时候根本顾不上照顾自己的孩子。于是，星期天的时候，她把儿子的姥姥从农村接过来，一是让老人在这里帮忙照顾一下孩子，二是让自己的妈妈享受一下城里的生活。

林太太的儿子很懂事，自从姥姥来了以后，他怕姥姥闷，每天都带姥姥出去散步，还用自己的零用钱给姥姥买鲜花。姥姥高兴地逢人便说："我活了60多岁了，还头一次收到别人送的花呢！"

一天，林太太下班刚进门，就听到房间里有"汪汪"的叫声，推门一看，一只活蹦乱跳的小狗正在房间里乱窜。忙碌了一天的林太太，看到家里乱乱的样子，不免心烦意乱，张口就训斥儿子："马上就期末考试了，还弄这些东西干吗？乱

死了！"儿子正要向她解释什么，她却不容分说地继续呵斥孩子："给我扔出去！把它给我扔出去，不用解释！我不想听！"说完就要去抓那只小狗。这时，儿子的眼泪"唰"地流了出来，他好像想说什么，但什么也没说，一转身回到自己房间，把门重重地关上了。

林太太很生气，刚想追过去再训儿子，姥姥对林太太说："你别骂孩子了，这是孩子给我买的，他说怕我在家寂寞，买了一只小狗来陪我。孩子都是出于好心，你要是不喜欢，可以好好和孩子说，把它送给别人就可以了，不要再骂孩子了。"

林太太很后悔地推开儿子的房门，看到儿子正卧在床上哭。她拍着儿子的肩膀说："妈妈错了，妈妈不该不听你的解释，以后妈妈会改的。"

现实生活中，不少家庭都发生过和林太太家这样的情况：男孩犯了一个小错，父母单凭自己的经验就对孩子的行为做出评价和责备，当孩子申辩和解释的时候，父母就会气上加气，心想："你犯了错还狡辩？"于是，对孩子大喊一声："住口！"父母忘记了可能孩子有自己的原因，孩子的心理也是脆弱的，需要父母的呵护，父母不妨想想你的孩子这个时候该有多么委屈，即使事后你为冤枉了孩子而向他道歉，但对他的伤害仍然无法弥补。

对于青春期的男孩来说，他们由于不成熟、自我约束力差、自我纠错能力差，所以在成长过程中会做出一些不尽如人意的事，但有些事情是孩子出于善意而为的，父母不能不问缘由就采取批评手段，意图把孩子"骂"醒，这都是不明智的做法。

有调查结果显示，"住口"两个字，是青春期的男孩最不愿意听到父母说的话之一。剥夺了孩子解释的权利，也就是剥夺了孩子的感受。父母可以站在孩子的角度想象一下，如果有人对你说，"你无权有那样的感受，你更无权解释"，你或许会大发雷霆。当孩子被剥夺了感受的权利时，他们也会感到难过。孩子在成长的过程中，自我意识逐渐增强，当孩子在表现自我的时候，父母拒绝他的感受，就是在拒绝他本身。

因此，在对青春期男孩的教育中，当男孩犯了错，正确的沟通方法是多从男孩的角度考虑问题，让你的儿子有辩解和申诉的机会，这是男孩应有的基本权利，也是保证孩子身心健康必不可少的一个环节。你可以说："好吧，和妈妈说说当时的情况。"当孩子对一件你曾经认为错误的事情做出合情合理的解释时，你应该说："原来你有自己的想法，妈妈明白了！"

第 3 章

表达关注，让男孩感受到自己的意见被重视

　　每个男孩进入青春期后，随着身体的发育，他们在心理上也会发生剧烈变化，他们迫切希望被人理解、关心和聆听，更希望被父母重视，希望能平等地与大人对话，此时的父母，一定要放下架子，主动和男孩沟通，了解他们的心理状况，尤其是要学会用平等的眼光与男孩沟通，对于男孩成长中的问题，更要以建议的方式引导他们，通过关爱给予他们稳定感，让他们自信成长！

表达关心和尊重，让男孩对你敞开心扉

生活中，我们在与人沟通的时候，常有这样的体验：用好的态度、温和的方式比用高傲相持的生硬方式更容易提高办事的效率。在与人相处时，用友善体贴的方式会比强悍冷漠的方式更易俘获他人的心。同样，在对青春期男孩的教育上，在与他们沟通的过程中，如果我们也能轻声细语地与男孩说话，用真心感化男孩，那么，他们就能感受到你的尊重，从而愿意相信你。

然而，现实生活中，我们看到的多半是，一些家长一旦发现自己的儿子和自己观点不合，马上就表现出不耐烦甚至会对孩子发脾气，久而久之，男孩要么不敢发表自己的意见，变得怯弱起来；要么故意和家长对着干，造成难以收拾的局面。

曾有哲人说过："要人家服，只能说服，不能压服，压服的结果总是压而不服。以力服人是不行的。"每一个家长都应该有所启示，要让青春期男孩心服口服地接受你的教育，不能强来，只能靠真情感化。

巴西球员贝利被人们称为"世界球王""黑珍珠"，在很小的时候，他就对足球表现出惊人的才华。

那次，贝利和他的同伴们刚踢完一场足球赛，已经精疲力

竭的他找小伙伴要了一支烟，并得意地吸了起来。这样，原先的疲劳瞬间就烟消云散了，然而，这一切都被他的父亲看在眼里，父亲很不高兴。

晚饭后，父亲把正在看电视的贝利叫过来，很严肃地问："你今天抽烟了？"

"抽了。"贝利知道自己做错了事，但也不敢不承认。

但令他奇怪的是，父亲并没有发火，而是背着手开始在房间里踱步，过了一会儿，他停了下来，说："孩子，我知道，你在踢球上有点天分，如果你能一直踢下去，也许你将来会有点出息，但可惜的是，你现在居然开始抽烟了，抽烟是有害身体的，它会使你在比赛时发挥不出应有的水平。"

听到父亲这么说，小贝利的头更低了。

父亲语重心长地接着说："虽然作为父亲的我，有责任也有义务教育你，但真正主导你的人生的是你自己，其他任何人都无法代替，我现在问你，你是想做一个有出息的运动员、驰骋于足球场还是继续抽烟、自毁前程呢？孩子，你已经长大了，该懂得如何选择了。"

说完这番话后，父亲从口袋里掏出一沓钞票，放在桌上，并说道："如果你不想做运动员了，那么，拿着这些钱去抽烟吧。"父亲说完便走了出去。

看着父亲的背影，贝利哭了，父亲的话一直回响在他的耳朵里，他猛然醒悟了，他拿起桌上的钞票还给了父亲，并坚

决地说："爸爸，我再也不抽烟了，我一定要当个有出息的运动员。"

从此以后，贝利再也不抽烟了，不但如此，他还把大部分时间都花在刻苦训练上，球技飞速提高。15岁参加桑托斯职业足球队，16岁进入巴西国家队，并为巴西队永久占有"女神杯"立下奇功。如今，贝利已成为拥有众多企业的富翁，但他仍然不抽烟。

这则故事中，贝利的父亲在教育孩子这一问题上所选用的方法是正确的。我们要想打开孩子的心扉，让孩子信服自己，就要用轻声细语去感化孩子，与孩子平等沟通。

同样，在与青春期男孩沟通这一问题上，我们也要有所启示，我们要表达对男孩的关心和尊重，这样，他就能放下心理包袱，从而接受你的意见。

要知道，青春期的男孩虽然是孩子，但他们也渴望被尊重、被关心，如果我们满足他们的这一心理，那么，便能促使他们意识到自己同成年人是平等的。这不仅有利于亲子间的沟通，有利于从小培养他们独立的人格，还能帮助他们认真面对自己的问题或缺点，同时，也为他们创造了乐于接受教育的良好心境。

每个青春期男孩都想拥有话语权

任何父母都希望孩子在成长的过程中，能把自己当朋友，能倾吐他们心中的烦恼与快乐，然而，孩子愈大愈难与他们沟通，这是很多父母共同的感受。这是由什么造成的呢？其实，男孩也想对父母说实话，只是很多父母总是端着家长的架子，甚至压制男孩的想法，如此他们又怎么愿意与你沟通呢？因此，聪明的父母都会引导男孩发表自己的意见，让孩子畅所欲言。

其实，不仅是青春期，我们的儿子自打出生时，就有要发表意见的要求，如用手去触摸自己喜欢的东西，不喜欢有些长辈抱自己时，就大声地哭闹，对于此时孩子的这些行为，父母一一接受了，可是随着孩子年龄的增长，父母为什么又把孩子的这种自主权搁浅了呢？压制孩子发表意见，就是压制孩子的主见，这对孩子的成长是极为不利的，会让青春期的孩子关上自己的心门，不愿与父母交流。

这天，儿子放学回家，进门就嚷："妈，从明天开始，我不去学校了，你别劝我！"

如果平时孩子的爸爸在家，一定要严厉地训斥他。但妈妈却是个温和的人，她知道儿子肯定是受了什么委屈。

"为什么不去呢？"

"没什么，感觉不太舒服。"

"不舒服，哪里不舒服？怎么不早点请假回来呢？"

"不想耽误学习啊，你别问了，反正明天我不去上学。"其实，妈妈是聪明的，儿子说话这么有力气，怎么会身体不舒服，一定另有隐情。

"可是，今天不舒服，明天不一定不舒服啊，要不，妈妈带你去医院吧。"妈妈在说这话的时候，故意露出一点笑容，儿子明白，妈妈看出端倪了。于是，他只好说："妈，你儿子是不是很没用啊？"

"怎么这么说，我儿子一直是最棒的，有最棒的体格，最棒的学习能力，待人温和，还疼妈妈。"

听到妈妈这么说，儿子笑了，主动招出了今天遇到的事："妈，今天老师叫我们写一篇作文，我写错了一个字，老师就嘲笑了我一番，结果同学们都笑我，真没面子！"

此时，妈妈没有说话，只是搂着伤心的儿子。儿子沉默了几分钟，从妈妈怀中站了起来，平静地说："谢谢你听我说这件事，我要去公园了，同学们还等着我呢。"

从这个故事中，我们看到一对母子间的和谐关系。可见，懂得和孩子沟通的父母，绝不会不给孩子说话的机会。

男孩要求有话语权、要求自主的意识是随着年龄的增长越来越强烈的，这一点到了青春期尤为明显，父母要给予孩子的是尊重，给他发表意见的机会，而不能压制。具体来说，要求我们在与青春期男孩沟通时做到以下几点。

1.不要压制孩子的想法

即使孩子的想法与大人不同，也要允许孩子可以有自己的想法。父母应考虑到孩子的理解能力，举出适当的事例来支持自己的观点，并详细地分析双方的意见。父母不压制孩子的思想，尊重孩子的感觉，孩子自然会敬重父母。

2.支持孩子在小事上自己拿主意

当冉冉几次不肯睡觉时，妈妈对他说："冉冉，我相信你一定能管好自己，因为你明天7点要起床。所以，你要在9点前上床睡觉，我相信你自己会注意时间。"果然，冉冉听话多了。

家长可以支持孩子自己管理自己，并提醒他界限何在。当孩子做选择时，他觉得自己的确享有主导权，这一点会令他开心。

3.父母保持适当的权威

许多家长也许在自己的孩童时期，所接受的教养方式是极端权威的，父母说一，他们绝不敢说二，所以，他们从未享受发表自己意见的权利。于是，他们把这种教育方式传达给了孩子。如果孩子所争取的是对他自己的自主权，而不是对父母或其他人的管理权，那么他的要求就没什么不对。父母应将大人的权利保留在适当范围内，别将它过分延伸到孩子身上。但同时，也要让孩子尊重父母的权威。尊重孩子的权利发展，同时坚持对孩子有利的一些原则。

孩子从襁褓时期对父母完全的依赖，到发展自我意识、建立自信、试验探索，终于长大成一个独立的人，这都需要主见的培养。要想孩子有主见，父母可以遇事问他的看法和想法，不管是学校的事还是家里发生的事、报纸上登的事，或者是路上看到的事，包括爱吃什么、爱穿什么、爱玩什么都可以问孩子的意见，这样，还能让孩子感受到被尊重，那么，孩子不但学会了独自思考，还能拉近亲子间的关系，让孩子对我们敞开心扉。

重视男孩的自尊与尊严，他才能自信

自尊是人活于世的根本，自尊才能自信，才能自强，对于成长中的男孩来说，懂得自尊，方能自信。而作为父母无法给男孩天使的翅膀，但一定要给男孩尊严并维护这种尊严，才能培养出一个骄傲、自信的男孩！

我们说的教育男孩，不仅是要给男孩优越的生活环境，让他接受好的教育、开阔他的视野，增加他的阅世能力，增强他的见识，还要让男孩以健康的人格和心态去迎接未来的社会，而自信必不可少。让男孩做到自信，就必须让他有自尊心，而这种自尊心的培养，正需要父母主动沟通。

可是生活中，一些父母误解了教育男孩的真实含义，他们认为只要给男孩最好的物质，男孩就会幸福，当男孩情绪不对或者陷入困境时，不是采取鼓励的措施，而是打压或者生硬的斥责；也有一些父母，总是希望自己的儿子能按照自己的意愿行事，结果导致男孩叛逆、自卑等。其实，青春期正是一个人性格、品质形成的关键期，我们能否在与男孩沟通的过程中给予其尊重，对男孩的成长极为重要。为此，在与男孩沟通的过程中，我们要注重以下几点。

1.尊重男孩的个性

每个男孩都是与众不同的，如同我们不可能找到两朵相同的花儿。每个男孩都有不同的感受事物的方式，玩耍的方式，思维的方式，学习的方式，享受的方式。正是这些"个别的特性"使他成为"独特"的人。

因此，家长要尊重男孩的个性，就应该对其内在品性的各个方面进行更为明确的理解，真正地了解你的儿子，才能根据其个性打造其独特的人生，让他更自信地生存。

例如，有些父母对男孩的看法，通常都很绝对，非白即黑。他们要么是"表现不错的""成功"的，要么就是"有问题的"和"不可救药"的。要想男孩始终充满骄傲、快乐和自信，他们必须视自己为多侧面、多色彩地拥有多种正面人格特质和能力的人。

2.尊重男孩的喜好和兴趣

正如上面所言，每个男孩都是不同的，因此好恶也是不同的，家长要了解他的好恶——他喜欢吃的东西和不喜欢吃的东西，他最喜欢的运动、课余消遣和活动，他喜欢的衣服，他的特长，他喜欢逛的场所以及最有效的学习方式。迎合男孩的喜好，才能让男孩接受家长的培养方式，也才能让男孩更自信。

3.尊重男孩的想法，多和男孩交流

人们总认为，年幼的男孩比较"顺从听话"，他们喜欢讨人欢心，服从他人。但其实我们父母不应该利用儿童的这一特点；相反，应该着力强化他的个性和自我意识。当男孩进入儿童时期以后，在他们探求自己是谁之前，他们会从否定的角度——自己不是谁——来定位自己。这时，他们大多会拒绝接受父母的价值观。他们应该畅通无阻地穿过那条道路，而不应遭到成人的碾压。

我爸爸非常专横，他不和别人讨论任何问题，他只是表明他的观点并宣称其他人都是愚蠢无知的。他总是试图告诉我该思考什么，如何做每一件事。小时候不懂事，我以为爸爸是对

的，可是长大后，他还是这样，到最后我只能对他的任何话都充耳不闻。

这是一个12岁男孩的心声，或许这也是很多这个年纪的男孩的心声，做父母的很容易因为自己的身份和智慧而变得过于自信，且在毫无察觉的情况下做出一些宣告、决定和断言，压制了男孩日益成长的寻求自身对事物独立看法的要求。这实际上是要让他按照你的观点和价值观来生活。这种"统治方式"造成的结果无非有两种，男孩的叛逆或者自卑，没主见、不自信。家长要明白，你越是将自己的观点和价值观强加于他，并自以为他会与你分享，他拒绝接受它们的可能性就越大，即便一个年纪较小的男孩也是如此。

4.尽量少批评、多赞扬你的男孩

（1）在批评男孩的某一具体行为前，先想想他的优点，以帮助你对他持有积极乐观的态度，并让批评明确具体。

（2）不要使用"好"或"坏"来评价他的行为，因为他会将此视为你对他的印象。取而代之，你可以谈论你喜欢或者不喜欢他的哪些行为。

（3）在你表达不认可之时，多以"刚才，我发现你……"的方式来开头。

以上这些方式都是家长应该学习的，男孩的自尊是需要我们家长来悉心呵护的，用正确的方式来与之沟通并引导他的行为，才不会伤他自尊，这也是让男孩维持自信的最佳方式！

将青春期男孩真正当成家庭中的一员

我们知道，现代社会，很多青春期男孩家里都只有一个孩子，很多父母心疼儿子，什么都不让儿子做，什么都替儿子代劳，久而久之，男孩不但缺乏独立能力，更缺乏对家庭的责任心。随着孩子逐渐长大，随着他们自我意识的增强，他们会认为自己在家庭中没有得到应有的尊重。这正如鲁迅先生曾说过的："小的时候，不把他当人，大了以后也做不了人。"任何一个青春期男孩也都很希望得到大人的认可，因此，我们在日常的沟通中，一定要将男孩真正当成家庭中的一员，这不但能增进亲子关系，更是促使他们迅速成长的一个好方法。

的确，当父母的总心疼孩子，不管家里发生什么事，都不让儿子费心。青春期男孩长期生活在这样的家庭环境中，很难培养对家庭的责任感，更重要的是，他们很难感受到来自父母的平等对待。为此，教育心理学家建议父母，让孩子参与家庭讨论，在这样的亲子沟通中，父母把孩子当成家庭的一员，能让孩子感受到尊重，这是我们了解孩子的最好方式之一。

为此，我们要做到以下几点。

1.引导青春期男孩表达内心的感受

很多家长和男孩之间缺少沟通，只是一味地给孩子安排。还有一些做父母的老爱念着一些夸耀自己、贬低男孩的"咒语"，诸如："你看，我就知道你会做不到。""我们那时候自觉得很，哪像你这样。"这些"咒语"潜移默化地内化为男孩对自己过低的评价，从而丧失自己的勇气和信心。家长可以经常通过家庭讨论，来帮助孩子更好地了解和表达自己的情绪。除了温和地询问孩子：你其实是想说什么？还可以给他一些参考答案。等男孩逐渐学会了解自己的内心感受，那么，即便你不在旁边，他也可以清楚地向周围的人表达自己的感受了。而家长与青春期男孩之间的亲子关系也就更加密切了。

2.尊重男孩的意愿

"孩子是小人，小人也是人。"做父母的应尊重孩子，把他当作家庭中平等的一员来对待，要尊重他在家庭中的地位，任何涉及男孩的事情，都应尊重或听取男孩的意见。要尊重男孩的见解，甚至当你不同意时，也要以商量的口吻表示对男孩

的尊重。例如，对话时，不要中断或反驳男孩，不要干涉男孩
自己喜欢的方式等。

3.有些事让男孩自己来解决

我们可以告诉青春期男孩："我相信你可以自己做到。"
这是个有魔力的句子，它可以让男孩感觉到自己是受欢迎和受
尊重的，甚至肯定自己的能力，这样，对增强男孩做事的信心
是大有益处的。

4.让孩子明白真的需要才能得到

"西西都买手机了，所以我也要一个""小明爸爸让他
吃冰激凌，那我也可以吃""他可以，所以我也可以"……这
是小孩子最常用来跟你讨价还价的简单逻辑。家长可以借家庭
讨论清楚地告诉男孩：不同的人有不同的需要。你要让孩子了
解：每个人只有在他真正需要的时候才能得到。

同时，也可以听听男孩内心的声音，如"我真的不喜欢你
给我买的那件棉衣，下次能让我自己挑吗？"

男孩也是家庭的一分子，并且，对于青春期的男孩来说，
他们已经有一定的行为能力，我们应该给他们参与讨论家务事
的机会。家里的椅子坏了，房间该粉刷，是否要养宠物，这些
事都可以在家庭会议讨论时，让男孩帮忙出点子，再要求男孩
说出这样做的理由，有时一个男孩会有他的惊人之见。

虽然名为家庭会议，但举行的方式可以是很轻松的，比方
说选定每个月第二个星期天下午召开家族会议。大家可以一边

喝茶、吃点心，一边讨论家务事，就算没有重要的事情需要商量，大家在一起聊天也很好，甚至可以玩成语接龙游戏，说故事，猜谜语，都可以在家庭讨论时进行。

请记住，家庭讨论的目的是找个时间认真听男孩说话，如果有事要取消时，一定要先征询男孩的意见，让男孩有受尊重的感觉。并且让男孩意识到家庭会议的重要性，一般不要随便取消；多听男孩说话，不要急着反对男孩的意见，鼓励男孩勇于表达自己，争取别人的认同。表达自己的意见是很重要的事，期待孩子的意见能让大家听见，并且赢得大家的尊重。

总之，在家庭教育中，我们要从身边的小事开始，让青春期的男孩参与到各种家庭活动与沟通中，让他们真正感到自己是家庭中的一分子，这样他们就会明白生活的艰辛和持家的辛苦，他能懂得如何经营一个家庭。这更有助于男孩子独立自主能力的培养，更重要的是，在这样的互动过程中，亲子关系能得到进一步提升！

变迷茫的男孩，需要你为他点亮一盏明灯

青春期是每个人孩提时代与未来生活的交接处，这个阶段的男孩常因为对未来的茫然而焦躁不安，常感到茫然不知所措。这一旅程充满了成人前必须完成的任务，其中重要的有两

项：一是人际交往方面变得成熟，二是找到未来事业的方向。

青春期这个阶段是儿童向成人转变的过渡阶段。在这个阶段，有关自己和社会的各种信息纷至沓来，需要经过不断的思考，确定自己的生活目标。男孩一到青春期，就会对自己开始定位，他们会认识到，他们不仅是老师的学生、父母的儿子，他们在以后还要成为社会中的人，于是，他们会陷入迷茫："我是谁？""我以后要成为谁，我要做什么"——这是在青春前期已开始但需要在整个青少年时期才能完成的任务。

青春期的男孩渴望和外界接触，渴望交朋友，但他们同时也明白，青春期是每个人长大成人的关键一步，一步没走好，这辈子都是阴影。因此，他们要努力学习，不让父母失望，但实际上，他们会思索，学习是为了什么？学习好就一定能生活幸福吗？……当众多问题纷至沓来的时候，他们变得不安了、焦躁了……

　　处在青春期的男孩，思想较为叛逆，什么事情都不爱跟家长沟通，总是认为自己长大了，自己的事情可以自己处理，什么事都憋在心里，长久下去就出现情绪低落。于是，很多父母感叹：我该怎么帮助我的儿子？

　　梅女士的儿子叫磊磊，今年上初三，磊磊最近总是失眠，熬到凌晨3点多才能勉强睡去，可是，不一会儿又醒来，上课的时候，也开始注意力不集中，老师讲的内容听不进去，大脑一片空白。一回到家，他又会心情非常烦躁，紧张不安，感觉无聊，脑子始终昏沉沉的。无奈之下，梅女士带着儿子来看心理医生。

　　经过心理医生了解，原来磊磊这种焦躁不安的心理来源于他对未来的茫然：梅女士自己出生于一个书香世家，对儿子一直管教比较严格，而对于磊磊来说，父母的苛求逐渐转化成他对自己的标准，他所接受的暗示是"只有自己表现得尽善尽美了，只有有一个光明的前程，父母才会满意，我才会拥有他们对自己的爱"。所以一直以来磊磊都不敢放松，努力追求完美的目标，但在最近的几次阶段性考试中，磊磊考得并不好，这让磊磊很担心，自己的成绩会不会一直这样下降下去？就这样，紧张与不安让磊磊变得压抑、敏感，并开始失眠。

　　磊磊的情况并不是个案，很多青春期的男孩都遇到过，而作为父母的我们也为此担心。青春期对于任何一个男孩来说，既是快乐的，又是艰难的，快乐在于他们终于长大了，而同时，他们又不得不面临很多问题。

当我们的儿子陷入迷茫时，我们要从以下几个方面与其进行沟通。

1.先肯定男孩的想法，然后加以引导

男孩在谈自己未来的打算或理想时，为人父母者，不要因为儿子说法的"幼稚"或不符合自己的"口味"而轻易去否认。不论是什么理想，父母都应该给予充分的肯定，并要恰当地告诉他实现这一理想必须具备的知识。例如，一个男孩说他长大了想当一个司机，许多母亲就会呵斥男孩说："没出息，当什么司机？"或者说，长大了要当护士，有的父亲就怒目而视："你怎么净想干伺候人的活儿？"其实，孩子的想法是单纯的，并且随着时间的推移和成熟度的提高会不断改变。这时候，正确的方法是告诉他，做司机需要学习机械原理知识、地理知识，好司机需要会讲外语等，而做好护士相当不容易……男孩是在鼓励声中长大的，如果他的理想总是无端地遭到家长的反对，久而久之，这个男孩将度过平庸的一生，他从此再不肯奢望未来。

2.让男孩体验成功，激发男孩学习的动力

任何人都希望可以成功，在成功中，人们更能明确自己的目标，因此，当男孩取得了哪怕再小的进步的时候，作为家长，也要予以鼓励。在得到好的评价后，他们会继续朝着目标努力，假如父母总是打击他们的积极性，恐怕任何男孩都会在

以后的困难面前退缩。

3.指导男孩了解社会，让男孩的目标与理想具备可行性

青春期的男孩，可能在规划自己的人生的时候，会显得不切实际，这是因为他们不了解社会。家长一定要帮助男孩了解时代的特点，让他们感到未来社会，只有具备一定的知识的人才是人才，才能实现自己的价值，同时，也才能为社会贡献力量，这样才会使他们感到学习是一种需要，需要产生动机，动机促使行动，才能使他们以顽强的毅力，高度的自觉性和责任感努力学习。

的确，青春期是一个可以为未来做打算的时期，是一个十几岁的男孩将要离开家开始独自生活的前期。作为父母的你，应该审慎地对待这一点，让男孩自己做决定，放弃自己的权威，并帮助你的儿子对未来做出一些规划，让其坦然面对现在！

你的鼓励，能给男孩向上的力量

作为过来人的父母，我们都知道，在一个人的成长过程中，自信是一种积极向上的力量，是一种良好的心理品质，是一个人取得成功的重要心理素质。自信心在个人成长和事业成就中具有显著的作用。对于成长阶段的男孩来说，如果缺乏自

信心，常常胆怯、遇事畏缩不前、害怕困难、不敢尝试，那么男孩的认知能力、动手能力、交往能力及运动能力等发展就缓慢；相反，男孩具有自信心，胆子大，什么事都敢尝试，积极参与，各方面发展就快。

有一个男孩和很多同龄的孩子一起接受垒球训练，一天教练叫队员排成一行，练习击球。别人都击得很好，唯独这个男孩总是不能击中目标，其他的孩子开始议论，说他不是打垒球的料，这个男孩很懊恼，并向教练要求退出球队。教练对他说，问题不是你不会打球，而是你的手套有问题。随后，教练给了这个男孩一副新手套，并鼓励他说：你绝对是打垒球的料，你会成为优秀的垒球队员！

果然不出教练所料，戴上手套后男孩努力训练，最后成为一个著名的垒球手！

表面看来好像是手套起了作用，其实不然，是教练给孩子戴上手套的那一刻说的那句话：你绝对是打垒球的料。正是有了教练的这种鼓励，孩子才对自己充满了信心！

对于青春期的男孩来说，生活、学习环境的改变，竞争压力的加大，很容易挫伤他们学习、交际的积极性，让他们失去信心。同时，来自家庭的因素，如男孩从小到大，衣来伸手饭来张口，久而久之，什么也不会干，自信心也就越来越没有了。

平平今年13岁了，他一直爱好音乐，爸爸妈妈虽然不同意

平平以后以音乐为生，但拗不过儿子，还是答应了平平的要求，每周末要么去学钢琴，要么去学小提琴等。但平平是个做事只有3分钟热度的孩子，兴趣来得快，也去得快，爸爸妈妈从没想过平平能学出什么名堂来。

有一个周六的晚上，妈妈爸爸一起去小提琴培训班接平平，回家的路上，平平说："爸妈，我想参加市里面的小提琴大赛，我们学校都没几个人敢报呢！你们说我可以报名吗？"

"我看你，平时出于兴趣，去学一下，我们是不反对的，还是别报名的好，肯定没戏……"爸爸给儿子泼了一头冷水。

"你可别这么说，谁说我们平平没戏了，我看平平很有音乐天赋，平平，你去报名，妈妈相信你一定可以的！"受到妈妈的鼓励后，平平顿时精神大振。

从那天后，平平把每天的空余时间都拿来练琴，小提琴拉得越来越好。果然，在市里举行的初中生小提琴大赛上，平平不负厚望，取得了第二名的好成绩，而平平妈妈也认为自己是最有眼光、最明智的妈妈。

青春期，也是一个人个性、心理品质形成的重要时期，这时期男孩是否自信，也影响到男孩未来人生路上是否能勇敢面对各种挑战，决定了将来他们是否能成为充满自信、有坚强毅力和足够勇气的人。因此，自信这种心理品质应该从家庭起步，在孩子青春期应该着重培养。言传不如身教，培养孩子的自信心，不是单纯的几句说辞，而需要父母从生活中的点点滴滴入手。

具体来说，需要我们在与男孩的沟通中做到以下几点。

1.多鼓励，让男孩勇于尝试

我国著名教育家陈鹤琴先生在讲到孩子心理特点时指出："小孩子喜欢成功的""小孩子喜欢称赞的"。其实，这种心理需求，青春期的男孩也是需要的，家长的鼓励是男孩得到的最大的肯定。

因此，无论你的儿子学习成绩怎样，无论孩子做什么事，只要他去干就要给予肯定与鼓励。还要善于发现男孩的点滴进步和成功，给予适当赞赏，使他们积累积极的情感体验。

2.赏识男孩，让孩子发现和肯定自己的优点

对于很多家长来说，似乎"孩子总是别人的好"，别人的

孩子听话、懂事，自己的孩子似乎总是"恨铁不成钢"，而对于自己孩子的长处和优点视而不见、充耳不闻。

应该承认，你的儿子也有优点，只是你没有注意，孩子为什么总是考不好，不是孩子不认真学习，而是你一味地贬低他，让他失去了信心，如果你开始发现他的优点并加以赞赏，想必你的孩子一定会信心大增。

3.教男孩学会体验成功

只要尝过成功的滋味，伴随而来的就是无比的喜悦以及对自己的坚定信心。所以先让男孩尝尝成功的喜悦，就是使孩子建立信心最简易的方法。当男孩做成一件事后，你首先应该夸奖孩子，告诉他："你做得真棒！"适当的时候，你可以采取一些物质奖励的方式。而当男孩缺乏自信时，你可以告诉孩子："男敢点，爸妈为你骄傲！"当孩子体验到成功的美好后，也就不会畏首畏尾，而是大胆地去争取了。

总之，自信心是男孩成长道路上的基石，是学习过程中的润滑剂，是生活中必不可少的勇气。自信心是在实践中培养起来的。因此，在日常生活中，父母一定要相信自己的儿子，给足他鼓励，他才能昂首阔步走向社会，去克服人生道路上的种种艰难险阻，迎接21世纪的各种挑战。

第 4 章

善于倾听，倾听有助于与男孩更好地沟通

作为男孩的父母，我们都希望自己的儿子把自己当朋友，都希望孩子向自己吐露心声，但事实上，我们看到的却是很多父母和男孩之间上演的口水战，尤其是男孩到了青春期，一些男孩子因为父母剥夺自己说话的权利而和父母争论。久而久之，一些孩子也不再愿意与父母沟通了。而聪明的父母都会善用倾听来引导孩子发表自己的意见，让孩子畅所欲言。那么，我们该如何倾听呢？在本章中，我们将给家长朋友们一些建议。

认真倾听是和男孩有效沟通的前提

随着现代社会生活步伐的加速、竞争压力的加大，作为家长，为了能给儿子一个优越的生活环境，常常由于工作忙碌，而忽视了与儿子多沟通，陪孩子一起成长。父母是男孩的第一任老师，也是男孩接触时间最长的朋友，在孩子成长的过程中，最需要的就是父母的关心，最愿意与之交流的也是父母。尤其是在男孩进入青春期以后，这种交流应该更为需要，因为这期间，男孩的自我意识加强，渴望脱离父母的束缚，如果缺少父母的理解，那么，亲子关系就会越发紧张，甚至对孩子的成长产生不利影响。

小伟上了初中以后，似乎变得越来越不听话了，经常在学校惹事，他的爸爸也经常被老师请去，这不，小伟又在学校打架了。回家后，爸爸并没有训斥孩子，而是心平气和地把孩子叫到身边。

"我知道，老师肯定又把你请去了，我今天是少不了一顿打。"儿子先开了口。

"不，我不会打你，你都这么大了，再说，我为什么要打你呢？"爸爸反问道。

"我在学校打架，给你丢脸了呀。"

　　"我相信你不是无缘无故打架的，对方肯定也有做得不对
的地方，是吗？"

　　"是的，我很生气。"

　　"那你能告诉爸爸为什么和人打起来吗？"

　　"他们知道你和妈妈离婚了，就在背地里取笑我。今天，
正好被我撞上了，我就让他们道歉，可是，他们反倒说得更厉
害了，我一气之下就和他们打了起来。"儿子解释道。

　　"都是爸爸的错，爸爸错怪你了，以后别的同学说的那些
闲言闲语你不要听，努力学习，学习成绩好了，就没人敢轻视
你了，知道吗？"

　　"我知道了，爸爸，谢谢你的理解。"

　　可以说，小伟的爸爸是个懂得理解与倾听孩子心声的好爸

爸，儿子犯了错，他并没有选择粗暴的责问、无情的惩罚，而是选择了倾听。倾听之中，表达了对儿子的理解，让小伟感受到了爱、宽容、耐心和激励。试想，如果他在被老师请去学校以后就大发雷霆，不问青红皂白地将小伟打骂一顿，结果会是怎样呢？可能是父子之间的距离越来越远，孩子的叛逆行为也越来越明显。

现实生活中，这样的家长又有多少呢？那么，我们需要怎样倾听男孩的心声呢？

1.耐心听完男孩的叙述，不要急着打断他

生活中，一些男孩说："每次，我想跟爸妈谈谈心，刚开始还能好好说话，可是爸妈似乎都是以教训的口气跟我说话，我还没说完，他们就开始以父母的身份来教育我了，我真受不了。"其实，这些家长就是不懂得如何倾听，倾听的首要前提就是要有耐心，让男孩把话说完，再提出解决的方法，这样才会让男孩感受到尊重，也才能达到双向交流的目的。

2.不要急着否定他，给他更多解释的机会

作为大人，很多时候，会认为儿子的想法是不对的，甚至是不符合常规的。抱着这样的心态，在倾听儿子说话的时候，会有一种先入为主的想法，会把男孩的话摆在一个"幼稚可笑"的立场，男孩自然得不到理解。其实男孩也是人，也有一颗丰富的心灵，我们要特别注意倾听他们的心声。

3.再忙也要听他说

每一个青春期的男孩都希望得到父母的理解，因此，从现在起，我们父母每天哪怕是抽出2小时、1小时，甚至是30分钟都好，做男孩的听众和朋友，倾听男孩心中的想法，忧其所忧，乐其所乐，当孩子有安全感或信任感时，就会向其信任的成年人诉说心里的秘密。这样，才有可能经常倾听到男孩的心灵之音，你的儿子才会在你的爱中健康地成长，快乐地度过青春期！

不得不说，对于青春期男孩的父母来说，他们都望子成龙，但在教育男孩的问题上，一些父母显得过于焦躁，孩子一旦出了些什么问题，就乱了方寸，以为大声呵斥就能让孩子听话。而实际上，这些父母是否想过：你们要求孩子听话和了解你们的意思，但你们有没有了解过孩了的想法？沟通，要求我们父母主动将自己的内心世界向男孩表达，同时多倾听男孩的心声。这样，才能了解孩子心中的所思所想，而后"对症下药"给予适当的引导，使男孩健康成长。

谈谈自己的经历和感受，让男孩也了解你

生活中，不少青春期男孩的父母抱怨："儿子一天与我们说不到三句话，跟我们的关系越来越疏远，就喜欢跟同学泡在

一起，由着他们这样自由交往，不变坏才怪！"其实，孩子逐渐长大，是从依赖走向独立，从家庭走向社会并逐步适应社会的重要阶段。可以说，我们父母操碎了心，他们却拒绝与父母沟通，有时候并不是他们的过错，而是父母的态度让他们欲言又止。聪明的父母，在向孩子"施爱"的时候，还要懂得"索爱"，因为他们懂得，沟通是双向的，让青春期的男孩打开心门的第一步就是先开口坦诚自己的内心，让孩子了解自己。

另外，讲讲自己的心里话，也能让青春期的男孩懂得感恩，不少家长在"爱"的问题上，只尽"给予"的义务，不讲"索取"的权利。这时，家长的爱就会贬值，孩子会觉得父母的爱是应该的。有时候父母扛着生活艰辛的担子，认为只要自己的儿子能好好学习，哪怕再苦也值得，而男孩根本不理解，之所以男孩不理解，很多时候是因为父母不给男孩了解的机会，当青春期的男孩知道父母的辛苦后，感恩之心会油然而生，学习的动力也就更明确了。

桐桐是小区有名的听话少年，很多家长都想向桐桐妈请教怎么教育孩子，因此，桐桐家经常会有一些邻居叔叔阿姨来串门，这不，楼上的王阿姨又来"取经"了。

"你说，我们大人这么辛苦，还不都是为了孩子，为什么孩子似乎都不理解呢？有什么心事也不跟我们说，长大了，我们也管不了，哎……"

"其实吧，孩子是渴望交流的，但实际上，往往是我们家长摆在长者的位置不肯下来，孩子感受不到平等，自然也就不愿意与我们交流了。"

"那怎么才能让孩子开口呢？"王阿姨问。

"想要让孩子开口，我们就得先开口，主动向孩子倾诉，让孩子也了解我们的感受，沟通是双向的嘛。像我们这样的中年人，在单位工作压力很大，工作了一天，回到家里，真的很累，有时就不想说话。甚至还免不了受一些闲气，心里很窝火，脸色不自觉地就有些难看。但我现在总在进门之前提醒我自己：调整好心态，当儿子开门迎接你的时候，给他一个笑脸。等自己心情好点的时候，晚上我们会坐在一起，我主动开口，说自己在单位的那些事儿，桐桐一般都能理解我的感受，他有时还会来安慰我。只有先主动倾诉，才会让孩子觉得你容易亲近，才会愿意向你倾诉，如果你冷落孩子，根本不理他，他就会到外面去找能安

慰他的人。为什么有的小孩子会结交不良少年，会早恋？原因当然很多，但我觉得其中根本的一点，就是缺少家庭的关怀，缺少亲情的温暖。不过，这也是个人的想法。"

王阿姨听完，连连点头，看来，桐桐妈的话对她起到作用了。

案例中，桐桐妈是个深谙与儿子沟通技巧的家长，正如她说的，我们主动和孩子沟通，主动倾诉，孩子才能理解我们的感受，也才会向我们敞开心扉。

的确，作为青春期男孩的父母，我们当要顺应孩子的生理和心理的成长，在教育方法上也要做出调整，把男孩当成朋友，而不是小孩子，你们之间应该平等地对话、交流内心世界。具体来说，我们应该做到以下几点。

1.你的儿子已经长大了，有一定的担当能力

父母首先要把男孩当作一个完整的、独立的个体来对待，而不是自己的附属品，他们虽然还处在成长的阶段，但已经具备一定的解决问题的能力。因此，不要认为儿子还小，不能让他知道得太多，会影响到儿子的学习等，男孩是家庭成员之一，当你与男孩共商家庭计划时，孩子会感受到被尊重，当他遇到成长中的问题的时候，也愿意拿出来与家长一起"分享"，共同找出解决问题的办法。

2.男孩遇到难题的时候，告诉男孩我们是怎么做的

慢慢长大的青春期男孩一定会遭遇一些成长中的烦恼，慢

慢变老的我们一定会和他们"过招"，当男孩怒火燃烧的时候，我们做家长的切忌火上浇油、自乱阵脚，我们可以运用的一种方法叫以柔克刚。抱怨、不屑的言语只是男孩在表达自己对事儿、对人的看法，还有待找到最合适的方式，我们需要等待。也就是说，无论男孩的情绪如何，作为家长，我们一定要心平气和，先平息孩子的情绪，再告诉男孩我们曾经是怎么做的。

无声的非语言沟通，是一种另类的聆听

生活中，作为青春期男孩的父母，我们发现，当儿子还小的时候，我们会特别留意他，会留意他的声调、面部表情、动作、姿势等，会用自己的行动表达对他的爱，可当儿子逐渐长大、进入青春期、不再是儿童后，做父母的反倒把这种表达爱的方式搁浅了。这种细微的变化，很多父母都没有注意到，我们的儿子正离我们越来越远，大多数情况则是，孩子甚至产生叛逆的情绪。很多家长抱怨说："都说孩子进入青春期之后就容易'较劲'，我发现我家孩子对别人都是好好的，但一回到家里就专门跟我们对着干，就好像他的'较劲'对象主要就是我一样。"事实上，没有教不好的孩子，只有不好的教育方法。只要方法妥当，任何孩子都是优秀的；只要用心，总能找到合适的教育方法，而孩子更需要的是家长的爱和关心。

由此可见，非语言信息在家庭沟通过程中是多么重要。然而，一份社会调查结果却显示，在亲子之间的沟通中，非语言沟通常常被忽视，这一点，随着孩子的成长更为明显。当然，这一现状的造成也与孩子有很大的关系。

在青春期男孩的教育问题上，不得不说，不少父母一直采用错误的非语言沟通方式与男孩交流，如经常向男孩发脾气、拍桌子、摔东西等，这些都会被男孩理解成你极度嫌弃他的信号。这些非语言行为都是拒绝沟通的信息，因此它更会阻碍亲子之间的沟通，破坏亲子关系。

有一天，小区几个母亲在一起聊天。

其中一个母亲说："最近我们机构要组织一个中学生训练营，其中有很多内容是我都不知道的，如有一个和孩子使用非语言的交流方式。"

"那是什么啊？"

"在孩子小的时候，我们都愿意去抱抱孩子、亲亲孩子，那时候，孩子与我们的关系是那么的密切，小家伙一天都离不开妈妈。可是，现在，孩子十几岁了，我们照顾孩子的时间也少了，孩子离我们也远了，我们还记得每天晚上在孩子睡觉前亲一下他的脸颊吗？当孩子受到挫折时，我们有给孩子一个安慰的拥抱吗？"

"是啊，似乎我们把这些都遗忘了，我们要拾起那些我们遗失的爱，孩子肯定还会重新回到我们的怀抱的……"

"是啊，那赶快去吧，明天训练营就要开课了，你们肯定会受益匪浅的。"

　　语言是我们沟通的常用工具，但人类除了语言，还有其他的交流工具，那就是身体语言。人的一颦一笑，甚至一个眼神，都体现了某种情感，某个想法，某个态度。

　　很多人认为语言的交流方式给人提供了大部分的信息，事实上，语言学家艾伯特·梅瑞宾的研究表明，人与人之间的沟通，只有7%是通过语言沟通来实现的，而高达93%的传递方式是非语言的。在非语言沟通中，也只有38%是通过音调的高低进行的，有55%是通过面部表情、形体姿态和手势等肢体语言进行的。

　　那么，我们该怎样与青春期男孩进行非语言沟通呢？

1.多用眼神鼓励男孩

　　身体接触往往比语言能更好地表情达意。有时候，哪怕你一个鼓励的眼神和微笑，都会让你的儿子充满无穷的动力。因此，聪明的父母总是会在某些时刻给男孩一个肯定、坚毅的眼神，让青春期男孩更自信。

2.给男孩一个拥抱，给他力量

　　生活中，很简单的一个例子，如果你的儿子取得一个好成绩，做父母的需要赞扬、鼓励他，这时，如果家长单纯地用语言与他沟通，告诉男孩："儿子你真棒，妈妈因为你而骄傲！"他也会很高兴，但是这种高兴劲也许没过多久就被他忘记；如果父母运用非语言与他沟通，微笑地走到孩子面前，给他一个拥抱，再告诉他："儿子，妈妈为你而骄傲。"这样，他将永远也不会忘记妈妈对他的赏识和鼓励。

3.用握手向男孩表达友好

有研究人员曾通过实验研究握手的效果，结果证明：身体的接触行为能增强人与人之间的亲近感，即使是初次见面的人，也有同样的效果。为了强化这种效果，有人会伸出双手与人握手，这样的人大多非常热情。

想必大多数父母也明白握手是一种表达友好的方式，是平等沟通的一个表现。而对于青春期的男孩来说，已经开始希望能与父母平等地对话，因此，日常生活中，如果我们能把这一非语言沟通形式放到对孩男孩的培养中，相信是能起到一定的积极作用的。

总之，在生活中，尝试着用非语言的方式与青春男孩沟通吧，但你还需要注意以下三点。

第一，尝试以身体接触代替言语交流。

第二，有些男孩不喜欢太多的拥抱，别强迫他这样做。尝试寻找其他与之亲近、感受亲密、向他示爱的方式。

第三，当身体接触的习惯已经消失，在睡觉前或看电视，甚至只是紧挨你的儿子坐着时，轻轻抚摸他的前额、脑袋或手，可以使身体接触的习惯重新回到你们家中。

再忙也要停下手中事，听听男孩的心事

在现实生活中，不少家长发现，男孩一到青春期就不喜欢和自己说心里话了，他们为此感到很苦闷，一方面他们很想帮助自己的儿子，另一方面青春期男孩根本不和你说心里话。你不了解男孩，又怎么能让男孩对你敞开心扉呢？是不是我们的儿子天生就不和父母说心里话呢？恐怕也不是，一般青春期男孩不愿和父母说心里话大多数是我们父母的原因。

有些孩子渴望与家长沟通，但家长却以"忙""没时间"等为理由拒绝，甚至还被家长压制、呵斥，所以，他们想倾诉的愿望并没有得到家长的理解和尊重，甚至一些孩子每次与家长谈心里话都不同程度地受到伤害，慢慢地就与家长疏远了。

有一位上六年级的男孩子，学习成绩优异，人缘也很好。有一天他收到一封女孩子的求爱信，心里很惊慌，于是，他就把信交给了妈妈，本想从父母处求得解决问题的方法，没想到妈妈却用"苍蝇不叮无缝的蛋"恶语相伤。从此以后，男孩再也不和家长讲心里话了。

家长此时不该是轻易地责备男孩，而是要理解孩子，给予他需要的帮助。孩子虽然不希望被家长管束，但却也不是完全的独立，很多时候，他们希望父母能帮助自己，而有些父母的态度却让他们退却了。

对于青春期男孩倾诉的愿望，教育心理学家建议父母注意

以下几点。

1.当男孩有心事时，家长再忙也要停下手中的事，认真倾听男孩说话

当男孩想做或不想做某件事时，家长不要马上教育他，可以停下手中的活儿，先听听男孩想说什么。在倾听时，家长和男孩要有目光交流，有点头、微笑等非语言的反馈，但不要随意打断，让男孩觉得你在用心听他说话，他就愿意继续往下说，并说得非常清楚。这也是对男孩表达感受和需求的一种鼓励。

2.理解、信任你的儿子，倾听并查找男孩烦恼产生的原因

可怜天下父母心，每个父母都是爱孩子的，但是教育的结果却完全不同，为什么有的家长能跟青春期男孩和谐相处、情同知己，有的却水火不容、形同陌路？这就是教育方法的不同所造成的。作为父母，首先就要了解你的儿子，关注男孩的成长过程，尤其是青春期男孩的成长问题，你要了解男孩烦恼产

生的来源，只有这样，才能对症下药，帮助男孩解决烦恼。

3.尊重男孩，平等交流

家长要学会跟男孩聊天，不要认为男孩的世界很幼稚，对男孩的话题不感兴趣，不论孩子说什么，最好表现出很感兴趣，这样男孩才有跟你交谈的欲望。

4.适当"讨好"一下你的孩子，缩短彼此间的心理距离

当然，这里的"讨好"并不具备任何功利的目的，而是为了加强亲子关系，父母应该偶尔赞扬一下你的孩子，或者带孩子出去散散心等，让孩子感受到家庭的温暖，彼此间的心理距离就拉近了。那么，孩子自然愿意向你倾诉了。

总之，如果你的孩子有倾诉的愿望，想要跟你说话，我们最好停下手头的事听听他想说什么。父母也需要知道他的想法、感觉、欲望和意见，从而让孩子获得安全感和父母的理解与帮助。

倾听时，要认同和接纳男孩的情绪

作为青春期男孩的父母，我们不得不承认，我们的儿子在慢慢长大，他再也不是从前的小男孩了，现在，他需要的也不再是玩具和零食，而是亲密感情的表现形式。例如你了解他的思想，理解他，认同他，给他一个鼓励的拥抱等。同样，我们

在与青春期男孩沟通时，也要表达认同，只有让他们感受到我们是接纳他们的，他们才会愿意对我们敞开心扉，他们也才会真正把我们当成信任的人。

一天，王女士正上着班，就被儿子老师的一个电话叫到学校，原来是儿子在学校闯祸了。匆匆忙忙赶到学校，王女士也没搞清楚到底是什么情况，只得把孩子带回家。

晚上，王女士问儿子："我的儿子，你怎么了？能告诉妈妈吗？我向你保证，绝不告诉别人。"

儿子支支吾吾地说："妈妈，你知道，我的同桌是个女生，她成绩很好，我有些不懂的问题会请教她，但是那些男生就起哄，说我们在谈恋爱，其实说我都没有关系，但是杨阳是个女孩子，人家多难为情呀，你说对不对？所以我揍了他们，叫他们不要乱说。"

王女士听完，若有所思，对儿子说："儿子，妈妈知道你的愤怒，作为一个男子汉，保护女孩子是应该的，妈妈理解你。那些男生，我想也没有什么恶意，他们就是觉得好玩才起哄的，清者自清，不是吗？"

"我知道，今天确实是我冲动了点。"

"嗯，真正的好男人，也是绅士，不必跟人大打出手，你说呢？以后有什么事，你可以跟妈妈说，妈妈毕竟是过来人，可以给你点建议，好了，我的乖儿子，忘掉今天吧。"

"嗯，谢谢你，妈妈。"

这里，王女士与孩子沟通的方法值得我们学习，孩子在学校打架，她并没有劈头盖脸地责备儿子，而是等回家后，慢慢引导，让孩子说出原因，了解了孩子的情绪，并告诉孩子正确的发泄情绪的方法。

的确，我们与孩子沟通，在倾听后，就要对男孩的情绪表达认同，这样，才能让男孩感到被理解，才有继续沟通的愿望。为此，教育心理学家建议父母在与男孩沟通时做到以下几点。

1.接纳男孩的情感

青春期是暴风雨般的年纪，男孩的情绪容易出现变化，尤其是经常会有坏情绪，此时，我们不能言辞激烈地去指责他、批评他，而应该耐心听他对这种感觉的描述。因为，这时男孩最需要有人聆听他的倾诉并能理解他和体谅他。男孩的坏情绪随时会冒出来，作为父母，不可能去消灭它，但我们可以接纳理解他，运用智慧，让这种情绪转化为激发潜能的动力。

2.沟通中引导男孩学会适当宣泄不良情绪

人在精神压抑的时候，如果不寻找机会宣泄情绪，身心就会受到损害。生理学研究表明，人的泪水含有的毒素比较多，用泪水喂养小白鼠会导致小白鼠生病。可见，在悲伤时用力压抑自己，忍住泪水是不合适的。另外，在愤怒的时候，适当的宣泄是必要的，不一定要采取大发脾气的方法，可以采用其他一些较好的方法。

　　所以，家长不妨引导青春期男孩采取以下方法发泄自己的情绪：例如，在男孩盛怒时，让他赶快跑到其他地方，或找个体力活来干，或者干脆让他跑一圈，这样就能把因盛怒激发出来的能量释放出来；同时，如果男孩不高兴或是遇到了挫折，你可以把他的注意力转移到其他活动上去。另外，场景的迅速改变也能达到同样的目的——安静地把孩子从厨房带到房间里去，那里有许多吸引他注意的东西，玩具恐龙、图书都可以让他忘记刚才的不愉快。

　　当然，让男孩发泄自己的情绪，并不意味着家长可以忽视男孩那些不正确的行为。过激的情绪，甚至消极情绪都是生活中很平常的，但是伤害和破坏性的行为是绝对不被允许的。

　　情绪无所谓对错，只是表现的方式是否能被人接受。家长在倾听男孩说话的时候，一定要接受孩子的多面性情绪，引导孩子把消极情绪转化为积极情绪，唯有正视情绪表达的所有面貌，健康的情绪发展才有可能；唯有能够驾驭自己情绪的男孩，才能够成为有自我控制力的男子汉！

　　记住，你的儿子已经进入青春期了，已经有自己的爱好、思想等，对此，家长不能以一成不变、简单粗暴的方式来约束他，而应多和男孩沟通，多正确地引导和鼓励。同时在了解他的想法后也多向老师求教，双方配合合理引导，从而共同促进男孩的健康成长。

倾听也要给予反馈，别让男孩唱独角戏

前面，我们已经了解到，倾听在父母与青春期男孩沟通中起着至关重要的作用。青春期的男孩，他们有太多心事与烦恼需要我们父母给予理解和认同，但沟通是一个双向的过程，我们要想让男孩真正从沟通中获益，除了要倾听外，还要给予反馈，只有给予孩子正确的指导和建议，男孩才有行动的方向。

阿进出生在书香门第，从小受家庭氛围的熏陶，性格很文静，父母也很看重他的学习，对他管得很严，经常不许他这样，不许他那样。所以，阿进一直很听话，学习成绩也不错。

进入中学以后，随着学习和生活环境的变化，父母的管教让他觉得很烦躁，他甚至觉得家就像个牢笼一样，他害怕回家。

一次，他跟自己的同学聊天，同学告诉他，可以尝试着跟父母沟通一下，总是这么被管着也不是事。接纳同学的建议后，这天晚上，阿进鼓起勇气对爸爸说："爸爸，我觉得你和妈妈管我管得太严了，以后晚上写完作业我能不能看半个小时的电视？"

爸爸一边玩手机，一边应着："啊，你说什么？快去写作业，写完睡觉。"

阿进一听，说话的信心被完全打击，径直回屋，晚上，他捂着被子哭了。

第二天晚上，天都黑了，阿进爸妈发现儿子还没回家，问了所有同学都没有阿进的消息，他们只好自己找，结果却发现阿进一个人坐在学校的操场上发呆。他们纳闷了：儿子到底是怎么了？

这里，阿进为什么不想回家？因为家对于他来说就是束缚。事实上，生活中，我们每个人都需要自由。其实，青春期的男孩也是一样，如果我们束缚住男孩的手脚，不许孩子做这个，不许做那个，对孩子大包大揽，那么，他会感到窒息，他的一些优良的个性心理品质也会被压抑。随着慢慢长大，当男孩进入青春期，独立意识开始萌芽，对于无法呼吸的成长环境，他们一定会反抗。所以，案例中的阿进选择主动找父母沟通，但父母根本不重视，没有认真倾听，孩子在倾诉完以后，也没有表达理解与认同，而是一味地打压孩子的想法，这样的情况下，亲子关系势必会变得紧张起来，最后导致阿进放学不愿意回家。

我们发现，那些善于倾听的父母都是孩子的朋友，对于孩子的心声，他们不但认真倾听，更是给予反馈、耐心引导，给予孩子最好的建议，主要有以下几方面。

1.坚持双向原则，让孩子"有话能说"，自己"有话会说"

家长与青春期男孩交流时，要坚持一个双向原则，让孩子有话能说。例如，在倾听的时候，无论男孩的观点是否正确，你都应该先给予赞赏，然后针对性地批评指正，这样可以鼓励男孩更大胆、更深入地交流。同时，作为家长，更要会说话，同样的道理，采用命令的口吻和用道理演示达到的效果是不一样的，很明显，后者的效果会更好。如果能用通俗易懂的话说明一个深刻的道理，用简明扼要的话揭示一个复杂的现象，用热情洋溢的话激发一种向上的精神，男孩自然会潜移默化地受到感染，明白父母的苦心。

2.把命令改为商量，给青春期男孩建议而不是意见

在很多问题上，父母不要太过武断，也不要替男孩做决策，而应该先问询男孩的意见，"你是怎么认为的呢？""你打算如何处理呢？""你打算什么时候开始做呢？"这就表示了我们对男孩的尊重，在了解男孩的想法后，如果有些想法不

正确，那么，我们再以研究和探讨的语气与之商量："我能理解你的想法，但我们还要考虑这件事的可行性，不是吗……你认为妈妈的意见对吗？"

孩子是聪明的，有判断力的。如果你的话有道理，男孩也是会采纳你的建议的。同时，交流会越来越多，亲子关系会更好。

总之，我们一定要丢弃要求男孩"这么做，那么做"的固有观念，也要丢弃把男孩赶向特定的方向的强迫观念。尤其是在男孩遇到困难或遭受挫折时，我们更应适时地拿起激励和表扬的武器，减少孩子遇到困难时的畏惧心理和遭遇失败后的灰心，增强他们成功的信念，而不是训斥和责备。然后，再和男孩一起讨论确定克服困难或弥补过失的途径和办法。你对男孩的理解和尊重，必然有利于问题的真正解决，有利于两代人的沟通！

第 5 章

建立认同感，多说男孩"爱听"的话

不少父母感叹，儿子越长大变得越孤单，不愿意再向自己倾诉了，甚至开始对成人的教育产生质疑。而其实，他们是渴望倾诉的，只是父母用错了沟通方式，最重要的一点就是他们无法从父母身上得到认同，他们所希望的是父母能将他们当作独立的、有思考能力的成人来看待，久而久之，他们无法与成人之间建立信任感。这需要我们家长予以反思，作为父母，我们教育孩子，除了要给孩子一个好的成长环境外，还要找到与孩子正确的沟通方法，多说孩子"爱听"的话，只有这样，才能让青春期孩子对你敞开心扉。

赏识的言语让青春期男孩乐意与父母沟通

对于任何一个家庭来说，孩子是否能健康、愉快地成长，是家庭是否幸福、和谐的重要因素之一。但对于如何教育孩子，尤其是与青春期的男孩沟通，却成为很多家长困扰的问题。随着教育理念的更新，越来越多的家长认识到，与青春期男孩沟通，一定要重视运用赏识的语言，这对于孩子来说无疑是一件幸事。我们的儿子需要赏识，就如同花草需要阳光和雨露，鱼儿需要溪流和江河。

美国心理学家威廉·詹姆斯有句名言："人性最深刻的原则就是希望别人对自己加以赏识。"男孩虽然到了青春期，但依然是孩子，他们的独立意识尚未形成，他们非常在乎他人眼里的自己。因此，对男孩进行"赏识教育"，尊重孩子，相信孩子，鼓励孩子，不仅能让我们及时看到男孩身上的优点和长处，进而挖掘其身上巨大的潜力，还能拉近亲子间的距离，帮助男孩健康成长。

其实，不论是男孩还是女孩，好孩子不是批评出来的，而是科学地夸出来的。因此，多与孩子进行赏识的语言交流，可以说是亲子沟通的灵魂。

心理学家赫洛克曾做过一个实验，他把被试者分成四组，在四种不同的环境下完成任务。

第一组在工作后得到表扬，被称为"表扬组"。

第二组在工作后受到严厉训斥，被称为"受训组"。

第三组在工作后得不到任何评价，他们只是静静地听其他组员被表扬或被批评，被称为"被忽视组"。

第四组是被隔离的一组，不予任何评价，被称为"被控制组"。

结果工作成绩是：表扬组明显优于被忽视组，积极性也高于受训组，受训组的成绩不稳定，而前三组的成绩均优于被控制组。

这就是"赫洛克效应"，它是指对于工作结果及时给予评价，能强化工作动机，对工作起促进作用。适当表扬的效果明显优于批评，而批评的效果比不予任何评价要好。

赫洛克效应用于家庭教育当中也同样有效。什么是赏识呢？"赏"，就是欣赏赞美；"识"，就是认识和发现，综合起来的意思就是家长要认识和发现自己孩子所特有的长处与优点，并加以有目的地引导，勿使其压抑和埋没。

很多家长说，我该怎么夸孩子呢？总不能一天到晚说"好啊，乖啊"。这里就谈到了赏识教育的中心话题，鼓励孩子，让孩子在"我是好孩子"的心态中觉醒，同时一定要注意表达的方式和内容。

教育心理学家认为，运用赏识性语言与青春期男孩沟通，需要注意以下几点。

1.看到男孩的优点，赞扬他，并给予积极的心理暗示

父母对男孩的期望态度一样会影响到他。如果你认为你的儿子是优秀的，那么，他就会按照你的期望去做，甚至会全力以赴让自己变得优秀起来；反过来，如果你总是挑他的缺点、毛病，那么，他就会产生一种错觉：我不是好孩子，爸爸妈妈不喜欢我，我好不了了。因此，家长积极的期望和心理暗示对男孩很重要。

可见，对于青春期的男孩来说，他们最亲近、最信任的人是他们的父母，因此，父母对他们的暗示的影响是巨大的。如果他们能长时间接受来自父母的积极的肯定、鼓励、赞许，那么，他们就会变得自信、积极；相反，如果他们收到的是一些消极的暗示，那么，他们就会变得消极悲观。

2.赏识性语言需要满足两个条件

（1）真实的。

对于男孩的赏识一定要是发自内心的，而不是虚伪的。不要认为孩子是可以随便哄哄的，假惺惺的夸奖也会被他们识破。

（2）表扬不要附带条件。

有些家长虽然也认识到赏识性语言的重要性，但却担心孩子会骄傲，于是，他们常常会在表扬后还加上附带条件，像"你做这件事很对，但是……"这类。家长认为这样会让孩子

更有心理承受能力接受教训，其实，我们的儿子最害怕这类表扬，他们会以为你的表扬是假惺惺的。因此，你千万不要低估他们的智力，他们是能听出你的话中话的。

对于男孩的表扬最好是具体的，如："真乖，今天你学会叠被子了。" "我听李阿姨说你今天主动跟她打招呼了，真是个懂礼貌的孩子。"

3.即使批评也要顾及男孩的面子

心理学家曾经做过一个关于 "青春期孩子最怕什么" 的调查，结果表明：孩子最怕的不是生活上苦、学习上累，而是人格受挫、面子丢光。的确，青春期是人格形成的重要时期，男孩已经开始有自己的独立意识，但却尚未形成，也开始在意别人的评价，而他们最在意的是父母的看法。

总之，聪明的父母要明白，任何人都渴望被赏识和赞扬，我们的儿子也是如此。为此，我们在与青春期的男孩沟通时，一定要好好运用 "赏识" 这个法宝，不要因为男孩做好了学好了是应该的事而疏于表扬，渴望被人赏识是人的天性，大人们也是如此，就连美国著名的作家马克·吐温先生也说过："凭一句动听的表扬，我能快活上半个月。"

防止青春期男孩走向自负的极端

作为父母，我们都知道，青春期是一个感性的年纪，行为处世不会有太多的考虑，很多男孩取得一点点成就就沾沾自喜，过高地评价自己，这就是自负，而当自己失败的时候，就抬不起头，这都是不正确的。青春期，应该自信而不自负，自信与自负是两个不同的概念，其实它们之间只是一步之远，太过于自信就成了自负。诚然，我们都想要我们的儿子成为自信的男子汉，但也应避免他们走向自负的极端。为此，我们在与青春期男孩沟通的过程中，要让他们知道——不要骄傲，你的成功不是理所当然的，是自己付出努力的回馈，别人没有成功，只是付出的不够而已！他没有自信，就不能奋进，不能成功；不从自信中剔除自负，抑或让自负代替自信，奋进就有累赘，成功了还可能失败。

你们都不行　　只有我最棒

我最厉害　　你真笨

　　亮亮和小伟在数学这门课上都是尖子生，小伟稍微比亮亮拔尖一点，被称为"数学天才"。

　　一天，教室里静悄悄的，只听见时钟"嘀嗒"的声音，同学们都屏住呼吸……怎么回事？

　　原来，数学老师在发数学的月考试卷。"亮亮，100分！"数学老师喊道，亮亮？同学们都认为自己的耳朵出了问题，不一直是小伟拿满分吗？

　　听到老师喊自己的名字，亮亮便趾高气扬地走上去接了试卷，再看看"数学天才"小伟，也许是改错了题，老师居然在他的试卷上打了个鲜红的"79"！

　　下课后，亮亮一边得意地向小伟显摆他的分数，一边对小伟说："哈哈！你这个大笨蛋，这次的试卷这么简单，你居然才考79分，还称作数学天才，简直就是数学蠢才，哈哈哈。"终于，在亮亮的各种讽刺下，小伟心里想：为什么？为什么我只考了79分？

　　从此，每天放学后，小伟都到数学老师那儿补习功课，亮亮看到后，就想：你这个数学蠢才，再补也赶不上我。但小伟像没看见他一样，照样认真地听数学老师讲解题的秘诀，而亮亮却去球场尽情地玩耍。

　　一次，刚好是星期天，小伟特地来教室写作业，亮亮却把球踢进教室，还玩得大汗淋漓，并且边玩边对小伟喊："喂，小伟，你别再做作业了！快点来玩吧，很好玩的！"可小伟正在专心地做着作业，哪听得见呢？不久，小伟的成绩突飞猛进。

一个月过去了，又是新一次的月考。小伟沉着冷静地走进考场，亮亮也若无其事地跟了上去。"叮铃铃"考试结束了，小伟自信地走出了考场，而亮亮走出考场时差点哭了，因为他有一大半张题目不会做，这次他指望得100分吗？当然不能，天上哪会有掉馅饼的事呢？考试成绩出来了，这次小伟变成了100分，亮亮却变成了79分。

这天放学后，小伟对亮亮说："学习不能骄傲，一骄傲，成绩肯定会下降。"听了小伟的话，亮亮惭愧地低下了头。

的确，你只有摆脱骄傲，才有机会看清自己、看清别人，从而博采众家之长。事实上，我们每个人都应该客观地认识世界、认识自己。那些自认为自己了不起的人，可能真的有一些他人没有的本事，但大千世界，天外有天，人外有人，我们不能太过自满。作为父母，我们固然要肯定青春期男孩，但也要告诉他们戒骄戒躁，要告诉他们，他们的那点本事在高人面前只不过是一粒尘埃而已。老老实实做人，踏踏实实做事，才是一种可以称道的修养！

另外，如果你的儿子有以下表现，那么，他可能陷入骄傲的泥潭中了。

不屑于与别人交往，心胸变得很狭窄；虽能取得一定的成绩，但往往只满足于眼前取得的成绩，而且看不到别人的成绩。

帮助男孩克服骄傲自负的心理，我们要做到以下几点。

1.帮助男孩正确认识自负

我们要让男孩知道，自负这个词，并不是完全贬义的，对于青少年来说，适当的自负其实可以激发他们努力学习的激情和斗志，坚定他们可以达到目标的信念。但是，自负又必须建立在客观现实的基础上，若脱离实际，那么，自负不但不能帮助他们成就事业，反而影响他们的生活、学习、工作和人际交往，严重的还会影响心理健康。

2.告诉男孩要敢于接受批评

骄傲自负者的致命弱点是不愿意改变自己的态度或接受别人的观点，接受批评即是针对这一特点提出的方法。它并不是让自负者完全服从于他人，只是要求他们能够接受别人的正确观点，通过接受别人的批评，改变过去固执己见、唯我独尊的形象。

3.告诉男孩要与人平等相处

骄傲自负者视自己为上帝，无论是在观念上还是行动上都无理地要求别人服从自己。平等相处就是要求自负者以一个普通社会成员的身份与别人平等交往。

4.帮助男孩提高自我认识

我们要告诉青春期男孩，要全面地认识自我，就要采取辩证的态度看待自身，既要看到自己的优点和长处，又要看到自己的缺点和不足，既不可一叶障目，也不能妄自菲薄，觉得自己一无是处。同时，认识自我也不能脱离实际，而应该放在社会中去考察。

另外，每个人生活在世上都有自己的独到之处，都有他人所不及的地方，同时又有不如人的地方，与人比较，不能总拿自己的长处与别人的不足比较而把别人看得毫无优点。

5.要以发展的眼光看待自负

我们要告诉男孩，既要看到自己的过去，又要看到自己的现在和将来，辉煌的过去可能标志着你过去是个英雄，但它并不代表现在，更不预示将来。

总之，作为父母，我们要知道，自信心的培养固然对于青春期男孩尤为重要，但同样我们要防止他们陷入自负之中，因为任何人一旦自负，就阻碍了自我前进的脚步。

用肯定和认可代替对男孩的否定与贬斥

作为父母，我们都知道，我们的孩子也是独立的个体，尤其是年龄稍大的孩子，对于青春期的男孩来说，他们更希望从家长那里得到认同，因为青春期的男孩是正处于生理、心理变化关键时期的特殊群体，他们尚未形成独立的自我意识，非常在乎他人对自己的看法。因此，认同和肯定男孩，尊重他，相信他，鼓励他，不仅可以及时发现他们身上的优点和长处，挖掘隐藏在其身上巨大的、不可估量的潜力，而且能够缩短家长和男孩之间的距离，从而促进男孩的健康成长。

小宇是个很听话的男孩，但成绩却极差，是班级中的后进生，这令他的父母很是头疼。他的妈妈对老师说："孩子自上学以来，被老师留下是常有的事。为了他的学习，我放弃了工作，每天检查作业，辅导他，但他成绩还是很差，我早就对他没信心了。我很失败，我教一个孩子都没教好。您教这么多学生，对小宇这么关注，我们很感谢您。"

孩子是一个家庭的未来，老师望着小宇妈妈一脸的无奈，恻隐之心油然而生，说道："小宇其实一点也不笨，只是对学习没有产生兴趣，自觉性差些，我们的教育方法不适合他，我想只要家长和我们都能肯定他、鼓励他，他会进步的。"小宇妈妈仿佛一下子看到了希望。

后来，妈妈开始对儿子实行赏识教育，孩子回家后，她即使再忙，也陪孩子一起做作业，并鼓励他："乖儿子，你的字好像越写越好了，后面的字如果也像前面这样，该有多好，妈妈相信你以后从始至终都能写好的。"小宇露出了惭愧又充满信心的表情。

除此之外，小宇的妈妈在儿子遇到学习中的问题时，也会将心比心地说："你会做这么多道数学题已经很不错了，妈妈那时候，做数学检测，100题只能答对30题呢。"

后来，当妈妈再次去学校开家长会时，老师对她说："小宇现在学习很努力，上课经常主动发言呢！课堂上总能够看到他高举的小手了，耳目一新的发言，让同学们都对他刮目相看了，课间他不再独处，座位边也围上了同学。"听到老师这么说，妈妈很是欣慰。

从这则教育故事中，我们得出了一个结论，那就是我们家长一定要认同和肯定男孩，渴望被肯定是人的天性。尤其是对于青春期的男孩来说，他们更希望获得父母的肯定。

那么，在与青春期男孩沟通的过程中，我们要怎样表达对男孩的肯定呢？

1.用发展的眼光看待你的儿子，肯定男孩的点滴进步

古语有云："士别三日，刮目相看"，历史经验值得记取。任何人、任何事都不是一成不变的，我们的儿子也是在不断进步的。而同时，孩子对于父母的态度是很在意的，假如你的儿子进步了，你一定要赞扬他，而不是用老眼光来看待他的缺点。

东东和明明是很好的朋友。这天，明明来东东家玩，东东妈妈就留明明在家吃饭，吃饭期间，自然提到了学习成绩问题，明明说自己这次考试又是满分。

一听到明明这么说，东东妈妈就开始数落东东了："你就不能和明明学学？你的成绩总是那么糟，上次月考竟然有一门不及格，去年还是倒数第十名，像你这样上课注意力不集中，

不专心听讲，又不求上进的人，怎么能取得好成绩？回房间好好想想去，我不想看到你这个样子。"

虽然不是第一次遭妈妈训斥，可东东觉得好没面子，只好自己回了房间。

我们的生活中，很多男孩都有过东东这样的遭遇。一些父母，根本看不到儿子的进步，总是拿儿子的缺点说话，并且当着其他人的面，这让男孩的自尊心受到严重的伤害。

明智的父母则不是如此，他们会看到男孩身上的点滴进步，在男孩有任何一点的进步时，他们都会夸奖孩子，让男孩感受到父母对自己的爱和关注。

每一个父母在教育孩子时，都要让男孩明白一点，无论他的成绩如何，只要他努力了，就是好孩子。

事实上，每个青春期的男孩对于自己的进步都是非常敏感的，但他们最希望的是得到父母的认同，如果父母总是刻板地看待他们，那么，时间一长，得不到认同的男孩便不愿意向父母敞开心扉了。如果父母能够及时发现他们的进步并进行表扬，他们的心灵就会得到阳光般的沐浴，进而敞开心灵，把父母当成最好的朋友。

2.全面地看待男孩，并肯定男孩

有时候，我们看待男孩，会对他们产生刻板印象，因为我们只看到了他们的某个方面或者某些方面，而没有全方位地了解他们。你发现没，你的儿子虽然学习成绩不好，但他的人缘却很好，别人总是愿意和他交朋友，对于这点，你夸赞过他吗？

3.要客观地看待孩子所做的事

无论你的儿子做了什么，你都要从事情本身去评价，这样，才能避免因刻板印象而误解孩子。

可见，家庭教育中，我们与青春期的男孩沟通，要看到他们的点滴进步，要学会从多方面看待他们，只有这样，才能对他们产生认同感，才能加深亲子间的关系，进而有利于家庭教育的顺利进行。

总之，我们要知道，无论男孩女孩，都是我们的作品。对于青春期男孩的父母来说，我们都希望儿子能够优秀，要想让男孩长大后成为一个自信的人，我们就要学会认同和肯定男孩，让男孩看到自己身上的优点。

表达你的信任，男孩才愿意敞开心扉

有人说，当父母其实是一连串自我修炼的过程，尤其是要学着与孩子沟通，学着去欣赏孩子看似"脱轨"的行为，重视孩子的意见和情绪则是最基本的，哪怕你明知道他说的、表达的都有些问题。这一点，对于青春期的男孩来说尤为重要，最重要的是，当你面对孩子时，你还必须时时刻刻反省自己，看看自己是否在父母角色上扮演得恰如其分。在这些修炼中，对孩子的信任无疑是最基本的，信任是亲子间沟通的基础，信任更是我们对青春期男孩最大的肯定。

其实，相信青春期男孩，也就是相信我们自己，这是对孩子也是对家长的肯定，倘若没有人对孩子的能力表现出最初的信任，认为他值得得到爱、支持、关注和肯定，我们的儿子怎么可能相信自己呢?

曾有一位家长感慨地说: "我无法和儿子交流沟通，我们的距离越来越远，我想我把孩子弄 '丢' 了。8月中旬，我与即将上初二的儿子发生了一场激烈的争吵。事发直接原因是儿子在我下班一进门时提出要去参加学校的朗诵比赛，一等奖的奖品是 '背背佳'，我不假思索地一口否决了，'不去，妈妈给你买'。当时，没解释、没商量，也没了解孩子的心理。结果，我话音一落地，他的眼泪就唰唰地淌开没完了。看到他这样，我就更生气了!'你认为你能行吗?'就这样，他一句，我一句，各说各的理，嗓门越说越大，声音越来越高。一气之下，'我不管了，让你爸爸管吧!'我拿起澡筐就往外走，孩子也扯着嗓门给我一句: '你不相信我就是不相信你自己!'"

这位男孩的话不无道理，我们的儿子都是我们一手教出来的，对男孩能力的否定同样是对自己的能力甚至是教育能力的否定，只有表达对他的信任，给他尝试的机会，让他有历练的机会，他才会成长得更快。

成长是一个美妙的过程，而对于作为教育者的父母来说，这个过程却是艰辛而忙碌的。懵懂的孩子，要面对太多诱惑，经历太多挫折。正如案例中的妈妈一样，家长要想不"丢失"自己的孩子，光靠管束和告诫是行不通的。要了解孩子的思想，就必须和孩子之间建立起互相联系的"精神脐带"——沟通，不断地给孩子输送父母爱的滋养。

对于青春期的男孩来说，他们有着更强的自尊心，会自然而然地认为自己能干和可爱，拥有明确、正面的自我意识，从积极的角度看待自己。自信的男孩对自己能够做成什么样的事情、取得什么样的成就持乐观态度。他们可以提高自己的要求，坚守自己的原则，开发自身的潜能。缺乏自信的男孩充满全面的自我怀疑，这使得他们易于产生内疚、羞愧之感，觉得自己不如他人。

生活中，很多父母认为自己是爱儿子，但却误解了什么是真正平等地对待自己的儿子，他们以为坐着和孩子讲话就是沟通，其实那只是形式上的平等，事实上，他们并没有真正以平等的心去待男孩，因为他们不相信自己的儿子。

我们在与青春期男孩沟通的过程中，要表达对他们的信任，需要明确以下几点。

（1）表达对他们的决断能力、完成任务的能力、自己照顾自己的能力，以及当他们足够大时负责任的能力的信任，能让男孩有更强的责任心和动力。

（2）以他确信的方式向他表明你爱他、喜欢他。

（3）当心如下的想法： "我以前没有得到过或不需要他人帮助，他也一样。" 他与你是不同的。而且，没有得到他人帮助的人常常将之说成 "不需要他人帮助"，以掩饰自己的失望。这就告诉父母，相信他们，并不是对其放任自流，而应该给他们足够的爱。

要做到以上这些，父母必须从爱的基点出发，发现、发掘、抓住、肯定青春期男孩的每一个优点和每一点进步；相信男孩的表现形式和落脚点就在于对他们的赞许、鼓励、夸奖、表扬……相信你的儿子，才是真正地爱他，他也才会愿意对你敞开心扉！

父母错了也要学会勇敢地向男孩道歉

日常生活中，无论是成年人还是青春期的男孩，都难免犯错，但是在这个过程中，我们发现，孩子向父母道歉的情况比父母向孩子道歉的情况要多。因为一般情况下，我们都觉得作为未成年人的男孩更容易做错事，父母也负有教导孩子的责任，要教导他们有礼貌，做错事就要道歉等；青春期的男孩通常都不知道父母有错，也觉得父母不会那么容易做错事。父母则认为自己一般能做对，即使做错事了也不需要道歉，他们觉得自己处在一种比较高的地位。其实，这样做的直接后果是，给男孩树立了一个不负责任的负面形象。

现代教育要求家长与孩子沟通，就是要父母不能把教育放在绝对两极的位置，家长对孩子做错事了，应该说一句"对不起"，或许碍于面子，有些家长知道是自己错了，还是硬撑着、扮强势。对于青春期的男孩来说，他们向男孩说一句"对不起"，不会有损父母的权威，反而会构建起一个平等的交流平台。更为重要的是，家长起到了以身作则的作用，同样也给正处在青春期的男孩树立一个负责任的形象。

小明的妈妈发现钱包里少了50元钱，就一口咬定是小明拿了。小明说没拿。妈妈不信，先是"启发"孩子："需要钱可以向我要，但不能自己拿！"后来越说越生气，警告小明："不经允许拿妈妈的钱，也算是偷！"小明不服气，母子俩就吵了起来。这时小明的爸爸回来了，忙解释说："钱是我拿的，还没来得及告诉你呢。"妈妈这才停止了对儿子的逼问，但又补上一句："小明，你可要记住，花钱要管妈妈要，可不能偷偷地自己拿啊。妈妈的钱可是有数的！"小明觉得受了不能容忍的侮辱，一气之下，离家出走了！

上面的事例，给人以启迪。在家庭生活中，家长说错了话，办错了事，甚至冤枉了男孩，都是难免的，关键是发生问题后家长怎样处理。

我们和青春期的男孩相处与沟通，应该是民主平等的，不能摆家长架子。错怪了男孩，就主动道歉，而且态度要诚恳，不敷衍，不扯客观。有些家长认为这样做会有失尊严，其实不然，青春期的男孩已经有独立思考的能力，所以他们是明理的。父母向男孩认错，给男孩树立了有错必改的榜样，会使男孩由衷地敬佩父母的见识和修养，并学会勇敢地为自己的行为负责，让男孩从小形成一种责任意识。同时，男孩也会更加信任父母，使一家人和睦团结，为男孩创造健康成长的良好环境，家长的威信不但不会降低，反而更高了。

可见，家长做错了事，肯不肯向男孩道歉，不仅影响着两代人的情感，也关系着男孩的进步与成长，实在是家长应该学会使用的一种教育手段。

在现在的家庭教育中，家长如果从不向男孩承认自己的缺点、过失，男孩就会产生 "父母永远正确而实际上总是出错" 的观念。久而久之，对父母正确的教诲，男孩也会置之脑后。

是妈妈错了

如果对男孩做错事后，父母能郑重地向男孩认错、道歉，男孩就会懂得承认错误并不是一件可耻的事，就会提高分辨是非的能力，尝到原谅别人的滋味。

故此，为了让青春期的男孩能树立责任意识，父母不妨做到以下几点。

1.注意方法

相对于年龄小一点的男孩，对于青春期的男孩来说，父母其实不用讲太多的道理，只要用一些行动，如手势、表情、做法等，很自然就可以让男孩知道在这件事上，父母做错了，而且父母在向他们道歉，并不需要说太多的话。如果男孩知道这种做法是错误的，那么他们一般就不会再犯这样的错误。

2.注意道歉的态度

父母道歉的态度也是很重要的，不能太过生硬，或者轻描淡写。这些错误的态度，使得即使道歉了也不能挽回什么，反而会加深误解，因为男孩到了青春期，已经能明显感觉得到父母态度的不同，意识到父母是不是在敷衍。因此，父母应用真诚的态度来道歉，不要说碍于面子或者身份，不愿意对自己的儿子道歉，或者只是略微地说一下。父亲撞到儿子，这时候，父亲与其说"我不是故意的"，倒不如真诚地对他说"对不起，孩子，我撞到了你"，父亲这时候大大方方的道歉比不真诚的辩解更能够得到儿子的尊重。

总之，我们在与青春期男孩沟通中，要言传身教，向儿子认错、道歉，是培养孩子成为一个有责任感的男子汉的重要方式。其实，我们的儿子最早的学习是从模仿开始的。他们从很小的时候，就会将看到、听到、感觉到的东西"融化"在正在发育的大脑里，并在以后的生活中不知不觉地加以模仿，不仅限于行为举止，而且包括思维方式、情感取向，以及个人性格等。一个在生活中处处表现得不负责任的父母，即使想教育孩子做事要有责任心，孩子也会很不服气，很不以为然。所以当我们对儿子做错事时，我们更应该以身作则，使青春期的男孩能具体地感觉责任意识在生活中的重要性，从而主动、积极地养成责任习惯。

第 6 章

科学教育，男孩犯错时如何批评和惩罚

我们都知道，人类的学习过程自古至今都遵循这样一条规律：错误、学习、尝试、纠正。在这个不断循环的过程中，人类得以成长。我们教育青春期的男孩，也要遵循这一规律。如果我们的儿子犯了错，我们不要动不动就惩罚，这不是目的，目的在于让他认识错误并不再犯，让他在错误中得到真理，得到正确的做事方法。

男孩犯错应该如何批评

生活中，面对犯错的男孩，很多父母总是三番五次地对孩子说："跟你说过多少遍，做作业的时候不要玩其他的。"可是男孩还是边学习边玩；妈妈经常提醒孩子不要打架，可孩子还是"恶习"不改；面对孩子的网瘾问题，父母强行干涉，结果把孩子逼急了，孩子居然离家出走……

实际上，父母过分的叮嘱、管教不但不能起到预期的效果，反而会使男孩的神经细胞处于抑制状态，从而做出逆反的反应。因此，任何一个父母，在批评青春期男孩的时候，一定要把握一个度的问题，时间不能过长，内容也不应过多。

天天已经14岁了，周末这天，妈妈带着天天一起逛商场，想给天天买一些学习用品。其间，天天看上了一款新运动鞋，非要买，妈妈说该回家做饭了，天天就是不走，非要买。这时候，妈妈说："我的乖儿子，妈妈知道你很喜欢这双鞋，但你发现没，你的鞋已经很多了，你看，妈妈每天都要辛苦地工作，爸爸也是，就是希望能挣钱给你提供最好的教育，你现在已经长大了，是不是应该体谅一下妈妈呀？"妈妈说完后，天天很明显不高兴了，接下来，妈妈说："要不，等下周妈妈发了工资就给你买，好不好？"听到妈妈这样说，天天高兴地答应了。

　　第二周的一天，妈妈下班后对天天说："妈妈今天带你去商场买那双鞋。"但天天却对妈妈说："不了，妈，我要乖一点，以后不会乱买东西了。"听到天天这样说，妈妈欣慰地笑了。

　　这个故事中，天天妈妈的教育方法值得很多父母借鉴，当我们批评和教育儿子时，一定要注意方法，如果我们大声训斥孩子，则会让孩子产生逆反情绪。生活中，就是有这样一些家长，他们一遇到孩子犯错误的情况，就大声责骂孩子，而结果，孩子反对的声音比他们更大，最终，双方的情绪都很激动，让亲子之间的关系很紧张。

　　英国教育家洛克说过："父母不宣扬子女的过错，则子女对自己的名誉就越看重，他们觉得自己是有名誉的人，因而更会小心地去维持别人对自己的好评；若是你当众宣布他们的过失，使其无地自容，他们便会失望，而制裁他们的工具也就没有了，他们越觉得自己的名誉已经受了打击，则他们设法维持别人的好评的心思也就越加淡薄。"实际情况正如洛克所述，尤其是青春期男孩，如若被父母当众揭短，甚至被揭开心灵上的"伤疤"，那么男孩自尊、自爱的心理防线就会被击溃，甚至会产生以丑为美的变态心理。

　　那么，很多家长就产生了疑问："青春期男孩自尊心强，难道就不能批评了吗？"答案当然是否定的，但是批评男孩也要掌握一定的原则和技巧。

1.注意时间和场合

批评男孩要避免以下三个时间：清晨、吃饭时、睡觉前。

因为在清晨批评男孩，可能会破坏男孩一天的好心情；吃饭时批评男孩，会影响男孩的食欲，长此以往会对男孩的身体健康不利；睡觉前批评男孩，会影响男孩的睡眠，不利于男孩的身体发育。

2.批评男孩之前要让自己冷静下来

男孩犯了错，家长担心男孩会学坏很正常，难免也会产生一些情绪，但千万不能因为一时情绪而说出不该说的话、做了不该做的事而伤害到男孩。

3.先进行自我批评

父母每天和男孩打交道，也是男孩的第一任老师，男孩犯了错，父母或多或少都会有一定的责任。在批评男孩之前，如

果父母能先来一番自我批评，如"这件事也不全怪你，妈妈也有责任""只怪爸爸平时工作太忙，对你不够关心"等，会让家长和男孩的心理距离一下子拉得很近，会让男孩更乐意接受父母的批评，还可以培养男孩勇于承担责任、勇于自我批评的良好品质，一举多得，父母又何乐而不为呢？

4.一事归一事

有些父母很喜欢"联想"，一旦孩子犯了什么错，就能联系孩子犯过的所有错误，甚至给孩子贴上坏孩子的标签，这样只会给孩子造成心理阴影。事实上，在批评孩子的时候，我们只要明白自己的批评是为了让他知道，做什么样的事会带来什么样的后果。

5.给男孩申诉的机会

导致男孩犯错的原因是多种多样的，有孩子主观方面的失误，但也有可能是不以男孩的意志为转移的客观原因造成的。从主观方面来说，有可能是有意为之，也有可能是无心所致；有可能是态度问题，也可能是能力不足等。

所以，当男孩犯错后，不要剥夺男孩说话的权利，要给男孩一个申诉的机会，让男孩把自己想说的话和盘托出，这样家长才会对男孩所犯的错误有一个更全面、更清楚的认识，对男孩的批评会更有针对性，也让男孩能心悦诚服地接受自己的批评。

6.批评男孩之后要给男孩一定的安慰

男孩犯错后，情绪往往会比较低落，心情往往也会受到影响。父母在批评男孩后，应及时给孩子一些心理上的安慰，从语言上来安慰男孩，如说些"没关系，知道错了改正就行""我知道你是个聪明的孩子，自己会知道怎么做""爸爸妈妈也有犯错的时候，重新再来"之类的话。

总之，在家庭教育中，父母对男孩的说教应注意"度"。如果"过度"，会伤害男孩的自尊，掌握好分寸，做到"恰到好处"，才能使父母的训导对孩子起到"四两拨千斤"的作用。

惩罚男孩，也绝不能打骂

对于青春期男孩的教育问题，目前，更多的家长认可要给孩子鼓励，但鼓励不能取代惩罚，鼓励也不是万能的灵药，不能解决全部的问题。惩罚和鼓励任何时候都是教育的两个不可或缺的重要手段。

有教育专家认为："没有惩罚的教育是不完整的教育，没有惩罚的教育是一种虚弱的、脆弱的、不负责任的教育。"

然而，惩罚男孩，还要掌握一个很重要的原则：只针对他们的错误行为，不扩大化。如果把陈芝麻烂谷子都翻出来反复惩罚，抓住不放，那就不是惩罚，而是打击报复了。让男孩明白，因为什么而受到惩罚也很重要。男孩总会犯错误，而且孩子越小越难以分清大人对他的情感与他的错误行为，以及惩罚之间的关系。他会认为是大人不喜欢他了，从而心生恐惧。所以要让男孩明白，大人是因为他的错误行为而惩罚他，不是因为不喜欢他了，如果他改正了错误，大人会更喜欢他，这样的惩罚效果会更好。

曾经，在美国，有一个11岁的小男孩，他在踢球时，不小心将球直接踢到了邻居家的窗户上，打碎了他们家的玻璃。为此，小男孩和邻居协商好，他必须向邻居赔偿13美元。这可是一笔不小的数字，小男孩为此很苦恼。

最后，他决定求助自己的父亲，但没想到的是，父亲居然让他自己想办法。

"我哪有那么多钱赔人家？"男孩非常为难。

"我可以借给你。"父亲拿出13美元，"但一年之后你必须还我。"

于是，为了偿还父亲借给自己的13美元，男孩开始了艰苦的打工生活。经过半年的努力，终于挣够了13美元这一"天文数字"，还给了父亲。

这个男孩就是日后的美国总统里根。他在回忆这件事时说："通过自己的努力来承担过失，使我懂得了什么是责任。"

这里，我们发现，年幼时候的里根通过"足球事件"获得了成长。这个故事告诉家长，在家庭教育中，惩罚的作用是无法代替的。惩罚作为一种教育手段，有一个很大的好处是：有利于培养孩子从小树立对自己的行为负责的观念。在社会中的每个正常人都必须对自己的行为负责，孩子也不例外。如果你做错了事或说错了话，就必须承担由于自己的错误所带来的各种后果。

有效的惩罚还有以下几个重要的条件。

（1）制订规矩，要让青春期男孩明确自己的行为准则和界限。一定要让男孩知道父母明确的要求是什么，与孩子事先达成共识。如果孩子事先不清楚规则，家长突然惩罚，会让孩子非常委屈。

（2）惩罚之前需要对孩子提醒警告，给孩子一个改正的机会。

（3）惩罚并不是打骂。打骂会对男孩的心理造成损伤吗？答案是：当然！虽然与青春期的男孩沟通是一件不容易的事，甚至很多父母都失败了，但我们不能把这种失败的负面情绪发泄到男孩身上，更不能当着外人的面打骂或嘲笑挖苦男孩。家长要时刻牢记，自己应该始终给男孩坚强的拥抱，如果以恶劣的态度对待他，一来会激发他的逆反心理，二来会打击他脆弱的心灵，更糟糕的是，他还会怀疑家长是否真的爱他。这种情况下，他就更不可能接纳父母的建议进而改正自己的不良行为了。

千万别当着外人的面宣扬男孩的过错

我们都知道，任何人都希望被人肯定和赞赏，青春期的男孩也是如此，这一阶段是生性敏感的时期，他们有着更为强烈的自尊心，作为家长，应该时刻注意保护好他们的自尊心，不要在众人面前说他们的缺点和过错，不要在众人面前批评他们。因为他们的每一个行为都是有原因的。这是由他们的心理生理年龄特点所决定的。也许这些原因在成人看来是微不足道的，但在尚未成熟的青春期男孩的眼里却是很严重的事情，不了解原因当众批评他们，非但不能解决问题反而会使问题变得更糟，使他们产生逆反抵触情绪，导致父母对他们的教育很难继续下去。

有位家长在谈到教育孩子的心得时说：

有一天晚上，我和儿子在看电视，他突然坐到我旁边，对我说："爸爸，我想跟你说件事，你以后就只在我面前说我不听话，别在人家面前说我不听话。"说完他不好意思地对着我笑。看着儿子，我的心里突然好酸，心情也久久无法平静，原来我从前做错了，他希望我只在他的面前说他、批评他，而不要在别人面前说他不听话，孩子的心是多么的敏感脆弱。我心疼得向他保证以后不在人家面前说他不听话了。

从这一点出发，如果我们的儿子犯了错，我们固然要指出来，但还应掌握一点技巧，尤其是要注意，不能当着外人的面指责他。家长应注意采用以下一些方式方法。

1.低声

家长应以低于平常说话的声音批评他，"低而有力"的声音，会引起他的注意，也容易使他注意倾听你说的话，这种低声的"冷处理"，往往比大声训斥的效果要好。

2.沉默

男孩犯了错之后，会担心受到父母的责备和惩罚，如果我们主动说出来，男孩反而会觉得轻松了，对自己做错的事也就无所谓了。相反，如果我们保持沉默，男孩会产生心理压力，进而进行自我反省，发现自己的错误。

3.暗示

男孩犯有过失，如果家长能心平气和地启发他，不直接批评他的过失，他会很快明白家长的用意，愿意接受家长的批评

和教育，而且这样做也保护了他的自尊心。

4.换个立场

当男孩惹了麻烦遭到父母的责骂时，往往会把责任推到他人身上，以逃避父母的责骂。此时最有效的方法是，当男孩强辩是别人的过错、跟自己没关系时，就回敬他一句，"如果你是那个人，你会怎么解释？"这就会使他思考"如果自己是别人，该说些什么"，这会使他发现自己也有过错，并会促使他反省自己把所有责任推给他人的错误。

5.适时适度

正如以上说的，不能当众批评，而应"私下解决"，这能让男孩明白父母的良苦用心，尊敬之心油然而生。例如，男孩考试成绩不理想时，家长和儿子坐下来一起分析一下考试失利的原因，提醒他以后避免此类情况的发生，就比批评他不用功、上课不认真听讲效果要好得多。批评教育男孩，最好一次解决一个问题，不要几个问题一起批评，让他无所适从；也不要翻"历史旧账"，使男孩惶恐不安；更不要一有机会就零打碎敲地数落，结果把男孩说疲沓了，最后却无动于衷。

青春期的男孩依然是孩子，难免会犯错，家长批评一下固然重要，但是家长在批评的时候，千万要注意不要在人多的地方对他横眉立目地训斥指责，这会伤害他的自尊，在一定的场合也要给足他面子。尊重他，保护他的面子，掌握批评的方式方法，这对他的成长来说是极为重要的！

改变棍棒式的教育青春期男孩的方式

具体来说，我们该如何改变棍棒式的教育男孩的方式呢？

方法一：凡事只说一次。

生活中，一些男孩说："每次，我都想跟爸妈谈谈心，可是他们太啰唆了，只要我做错点什么，他们就不断地数落我，其实，我已经知道错了，但他们的口吻真让我受不了。"很多父母没有意识到的是，你的儿子已经是个大孩子了，他已经有独立的自我意识，也学会了如何审视自己的行为，凡事只说一次就好，这也是尊重他的表现，只有让他体会到家长对自己的尊重，他才能更加信任家长，达到和家长以心换心、以长为友的程度。

方法二：来软的，避免正面冲突。

对于自我意识逐渐增强的青春期男孩来说，他们更有很强的自尊心，教育他们，一定要讲方法，如果孩子一旦犯错，就采取谩骂、呵斥的方式，那么，不但不能让孩子接受并改正错误，还会给家庭生活带来很多困扰。

可能你的儿子做得不对，但作为家长，不要急于批评他，应该在倾听之后，对他表达你的理解，在他接纳你、信任你之后，你再以柔和坚定的态度和他商讨解决之道，从而激励他反省自己，帮助他从错误中学习成长。

方法三：把焦点放在"解决"上。

很多时候，大人会认为孩子的想法是不对的，甚至是不符合常规的，抱着这样的观点，我们很容易以先入为主的心态教育男孩。实际上，我们必须明白一点，出现了问题，最重要的是解决而不是批评，我们应该做的是，等他把话说完，再提出解决的办法，这才会让孩子感受到尊重。

总之，教育青春期的男孩，就一定要考虑到他们的叛逆心理，不可与之对着干，而要重在引导，让男孩感受到尊重，才能真正听进去我们父母的话。

与青春期男孩沟通，父母要保持一致的态度

心理学家告诉我们，任何一个人，都不能同时挑选两种或两种以上的行为准备和价值观念，否则，他的工作和生活必将陷入混乱。举个简单的例子，假如我们手上只戴了一只手表，我们就能知道时间，当然，时间可能并不准确，但如果我们拥有两块或者两块以上的手表，我们就无法知道更准确的时间，因为两块表会让我们陷入混乱之中，使得我们对准确时间的信心全无。

同样，家庭教育中，我们与青春期男孩沟通，父母双方也要保持一致的态度，否则，男孩将无所适从。而我们不难发现的一点是，在中国传统的家庭模式中多半是严父慈母，就是指父母"一个唱红脸，一个唱白脸"，他们相互配合，在教育孩

子的时候，一个正面教育，一个配合，相得益彰。

事实上，这种观点并不合理。试想，如果父母双方，一个执行自己的严格教育方法，另一个则表现得过于温和，对男孩一味迁就，那么，我们不难想象，就会出现这样的情形：男孩见到严厉的家长就像老鼠见了猫一样，唯唯诺诺；而见到温和的家长，就马上像换了一个人似的，变得放肆起来，甚至不把家长的话放在眼里。我们要知道，青春期是男孩性格形成的关键期，如果我们始终用这种方式与青春期男孩沟通和相处，久而久之，男孩的性格和行为就会变得不稳定，甚至会出现性格上的缺陷，也不利于男孩树立正确的人生观和价值观。

就像下面案例中这样的情境，在我们的生活中比比皆是。

周末这天，小雷满身泥巴地回来，衣服还破了，妈妈知道他肯定又是和小伙伴们打架去了，就问："你是不是又打架了？"

"是他们先要赖的，说好了，谁输了球谁就请客吃冰棍。"小雷解释道。果然，孩子是去打架了，妈妈气不打一处来，就直接骂道："跟你说过多少遍了，不要和别人打架，难道你长大了想当混混不成？"说完，她伸出手准备打小雷，小雷吓哭了。

这时，正在看报纸的爸爸从卧室走出来，他赶紧说："来，雷雷，到爸爸这儿来。"小雷赶紧躲进卧室，爸爸对他说："别哭了，爸爸就觉得你没有错，不过一个男子汉要勇敢点，不要动不动就哭，来，笑一下。"听到爸爸这么说，小雷笑了。

这样的教育场景在生活中经常出现，在男孩眼里，父母好像很喜欢红白配合，但到最后，教育的效果似乎并不明显，男孩的错误并没有改正，因为他们不知道到底谁说的是对的。

因此，作为父母，我们在与青春期男孩沟通、对男孩进行教育的时候，必须保持一致的态度。具体来说，我们需要注意以下几点教育方法。

1.教育前先商量，保持意见一致

在同一问题上，父母的意见和观点不同时，一定要学会求同存异。在教育男孩前先沟通，如果做不到这一点，就会使男孩左右为难，心中充满了矛盾，其心理上也会产生压力，不知道自己到底怎样做才对。

例如，生活中，有些父母就喜欢唱反调，就像故事中小雷的父母一样，妈妈教育孩子，爸爸却出来阻拦，并说："别听你妈妈的，她不懂"，以至于小雷不知道到底听谁的好。同时，这样做，还会导致夫妻因教育方法不同而吵架，甚至导致家庭矛盾加剧。因此，夫妻双方应尽可能在大问题上意见一致，并注意减少矛盾，给男孩一个统一的价值观。

2.征求青春期男孩的意见

一切教育方法都应该在孩子能接受的基础上进行，另外，男孩到了青春期，也开始有独立思考的能力，因此，聪明的父母在与男孩沟通时，最好先征求男孩的意见。例如，男孩犯了错，你可以让他自己选择惩罚的方式，这样也就避免了父母唱反调的情况。

3.父母不要当着男孩的面吵架

在实施教育的过程中，一些父母在出现矛盾时便提高音量，企图以吵架的方式解决问题。而这样做，只会降低在男孩心中的威信。

总之，我们要知道，同一个人不能同时选择两种不同的价值观，否则他的行为将陷于混乱。一个人的思想不能由两个或两个以上的人来指挥，否则将使这个人无所适从。而对于是非观、价值观、性格正处于形成期的男孩来说，我们家长与之沟通，也不能同时采用两种不同的方法，设置两个不同的目标，提出两个不同的要求，因为这会使男孩无所适从，甚至行为陷于混乱。

不贴负面标签，是对青春期男孩基本的人格尊重

生活中，我们常听到这样一句流行语："说你行你就行，不行也行；说你不行就不行，行也不行。"从心理学的角度讲，这句话有一定道理。一个人的成长，除了先天因素外，种种影响因素中，社会评价和心理暗示起着非常大的作用。而在他们成长的过程中，他们最信任、最亲近的人就是父母，如果

父母给他们的评价是正面的，那么，他们长大后就会自信、开朗、勇敢。所以，专家称，任何时候，我们都不要给孩子贴"笨"的标签，这一点同样适用于青春期的男孩，男孩到了青春期，尤为看重来自父母的认可和肯定，不说男孩"笨"，也体现了对男孩人格的尊重，为人父母者应牢记自己的儿子是聪明的。

的确，对于青春期的男孩来说，一句鼓励的话等于巨大的能量，等于成功的荣誉。青春期的男孩虽然趋于成熟，但毕竟他们还未成年，不过并不是代表他们没有能力，所以，对于他们来说"成不成功"是一回事，而父母"相不相信"他们有这样的能力又是另外一回事。当父母相信孩子有能力的时候，就会传达给孩子一种积极的信心，对男孩的期望会转化为他们行为的动力，影响孩子将来的成就和发展方向。因此，千万别用"你真笨"束缚青春期男孩的头脑。

美国有一个家庭，母亲是俄罗斯人，她不懂英语，根本看不懂儿子的作业，可是每次儿子把作业拿回来让她看，她都说："棒极了！"然后小心翼翼地将儿子的作业挂在客厅的墙壁上。客人来了，她总要很自豪地炫耀："瞧，我儿子写得多棒！"其实儿子写得并不好，可客人见主人这么说，便连连点头附和："不错，不错，真是不错！"儿子受到鼓励，心想："我明天还要比今天写得更好！"于是，他的作业一天比一天写得好，学习成绩一天比一天提高，后来终于成为一名优秀学生，成长为一个杰出人物。

陶行知先生说过："你的教鞭下有瓦特，你的冷眼中有牛顿，你的讥笑中有爱迪生。"现代科学已经证实，发育正常的孩子，天生智力并没有多大差异。俗话说："捧一捧，就灵。"这句话就表明了鼓励对于一个人成长的积极作用，当然，鼓励并不是一味地说漂亮话，我们还得有的放矢，注意点方法和技巧。

具体来说，我们在鼓励青春期男孩时，要遵循以下技巧。

1.说结果

注意到男孩整理房间的行为，即使男孩没做好，父母也可以说："我发现你今天整理了房间，现在房间焕然一新。做得真好，只是有些地方需要注意！"

2.说细节

你可以告诉男孩："你看，你不仅把床上的被子都叠好了，还把桌子上的灰都擦干净了。真是好样的！"你的鼓励表达得越具体，男孩越是能看清楚自己的行为中哪些是对的，越是知道如何重复去做这一正确的行为。而对于你未曾提到的一些行为，他们也就明白自己做得不到位。

3.说原因

单元测试成绩公布后，你的儿子又没考好，在分析试卷时，你就不要指责男孩不好好学习，而是要对他说："你不是能力不行，也不是基础差，更不是不如别人聪明，是你太粗心了，没审清题意，不然，凭你的智力是完全可以做出来的！"这种有意的错误归因，既维护了孩子的自尊，又增添了孩子的自信心。

4 说内在人格特质

父母可以说："看得出来，你是个很负责任的人。"称赞的时候，父母要多谈人格特质，而在做批评时，就该谈行为，避谈人格特质。

5.说正面影响

例如，可以这么说："有你这样的儿子，爸妈觉得很高兴，因为你知道为爸妈分担了。"

其实，鼓励男孩也是需要技巧的，大部分父母都习惯和男孩说："爸妈以你为荣"，其实这句话的着眼点，应针对行为，而非学习成绩或表现。当父母如实说："你这次数学考了满分，爸妈真以你为荣。"这时，男孩会有种感觉，只有满分，爸妈才会"以他为荣"，万一下次没考好，父母就不再感到骄傲，甚至还可能"以他为耻"。但是换一种说法，强调行为就对了："这次你考了满分，爸爸、妈妈发现你很努力，才有这么好的进步，这份努力，爸爸、妈妈很引以为荣。"如此一来，孩子就会知道，只要他努力，不论成绩如何，父母都会引以为傲。

教育心理学家认为，青春期的教育是一大难题，至今为止，尚未发现任何方式，能够比关怀和赏识更能迅速刺激一个孩子的想象力、创造力和智慧，对于自尊心极强的青春期男孩尤其如此，男孩都是在不断地鼓励中坚定自己做事的信心的。为此，我们的儿子无论表现多么差，我们也不能给其贴笨的标签，要始终呵护男孩的自尊心和自信心，多多鼓励，让青春期男孩走出精彩的人生！

引导青春期男孩学会自我反省

作为父母，我们都知道，青春期是人生的岔路口，每个男孩在这个阶段养成什么样的习惯、形成什么样的人生观，关系到他们一生的命运。我们在与男孩平日的沟通中，也要告诫男孩，无论是做人还是做事，都要善于自我反省，只有这样，才能够发现自己的缺点或者做得不够好的地方，加以改正，使自己不断进步，并能够扬长避短，发挥自己的最大潜能。

小伟上初三了，周末的中午，爸爸想就小伟的学习问题开个家庭会议，主题是如何总结学习经验和教训，家庭会议开始前，小伟爸讲了这样一个故事：

爱因斯坦小时候十分贪玩，他的母亲最担心的就是这点，很多时候，母亲对他的告诫，他都当成耳边风，过后就忘。后来，等到他长到16岁的时候，父亲对他的一番话让他真正长大了，并且影响了他的一生。

父亲说："昨天，我和你杰克大叔一起去清扫了南边的一个很久没人打扫的烟囱，上去的时候，我走在你杰克大叔后面，我们踩着钢筋做的梯子上去。下来的时候，我依然走在你杰克大叔后面。但我们出来的时候，我发现，你杰克大叔身上、背上、脸上都是黑乎乎的，而我身上竟然一点也没有脏。"

爱因斯坦听得很认真，父亲继续微笑着说："当我看见你杰克大叔浑身黑乎乎的样子，心想，我肯定也脏死了，于是，去河边洗了又洗。而你杰克大叔恰恰相反，他看到我干干净净的，以为自己也是干净的，只是随便洗了洗手，就去街上了。结果，街上的人都笑破了肚子，还以为你杰克大叔是个疯子呢。"

爱因斯坦听罢，也忍不住笑了半天。等他平静下来后，父亲郑重地对他说："其实别人谁也不能做你的镜子，只有自己才是自己的镜子。拿别人做镜子，白痴或许会把自己照成天才的。"

"我讲这个故事，是希望你明白，无论是谁，也包括作为学生的你，都要明白，一个人，只有不断反思，找到改进之处，才能不断进步……"小伟爸最后说道。

的确，正如爱因斯坦的父亲所说，我们只能做自己的镜子，照出真实的自我。任何人。要做到进步，都要掌握关键一点，那就是一定得认识和了解自己，而这件事只有你自己才能完成，也是一个非得靠自己才能解答的问题。谁能永久激励你？谁能让你不断成长？答案是你自己，别人只能帮你推波助澜而已！所以要获得成功，首先要先研究、了解自己。自己才是自己的最佳导师。

同样，在家庭教育中，我们在与青春期男孩沟通中，也要让他们明白自我反省的意义。

我们可以通过以下几方面来教青春期男孩做好自我反省。

1.告诉男孩经常自我反省的重要性

任何时候，学会反省自己，始终是最明智、最正确的生活态度。当男孩在成长过程中遇到问题时，我们要引导他反省，让他反省自己的行为，反省自己的思想，让他承担自己的责任，学会反省自己的言行。

那么，什么是反省呢？反省——检查自己的思想行为，检查其中的错误。学会反省，就是人做出的自我检查。古人云："知人者昏，自知者明。"的确，人贵在有自知之明，试想，如果一个人自己都不能了解自己，目空一切，心胸狭窄，心比天高，又怎么会虚心进取？就更不用说成功了。

2.引导男孩从三个方面反省自己

（1）人际关系。"你今天有没有做过什么对自己人际关系不利的事？你今天与人争论，是否也有自己不对的地方？你是否说过不得体的话？某人对你不友善是否还有别的原因？"

（2）做事的方法。"反省今天所做的事情，处事是否得当，怎样做才会更好……"

（3）生命的进程。"反省自己至今做了些什么事，有无进步？是否在浪费时间？目标完成了多少？"

如果男孩能坚持从这三个方面反省自己，那一定可以纠正自己的行为，把握行动的方向，并保证自己不断进步。

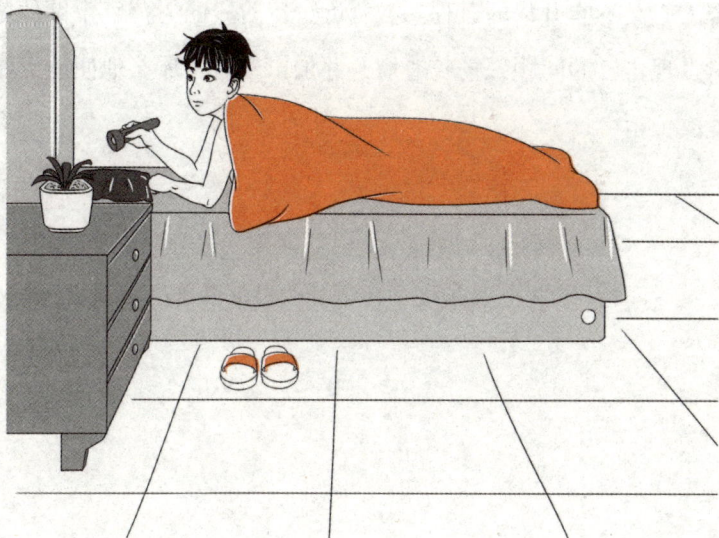

3.告诫男孩要保持空杯心态

有一个国王,他善于治理国家,于是,他的国家富足又强大,其他国家也不敢来犯,因此,一直以来,他都比较满足。但有一天,他忽然觉得非常惶恐。于是,他召集王宫中的智者说:"我很想找到一个钟,用来使我安定。当我不快乐时看它,它会使我快乐;在我快乐时看它,它会使我忧愁。"智者绞尽脑汁,终于在最后设计出国王想要的这个钟,不过上面刻了这样一句话:"这,也将成为过去。"

的确,青春期是情绪化的年纪,一些男孩在取得好成绩时难免会骄傲,此时,我们必须告诉男孩要放下过去的荣耀,只有这样,才能让内心变得更强大。

总之,反省的过程就是一个人心智不断提高的过程,是一个人心灵不断升华的过程。教育青少年阶段的男孩,帮助他及时发现自己的问题,扬长避短,并加以改进,那么他便能更好地成长。

第 7 章

学习问题，为什么是家长和男孩心中的痛

　　对于很多父母来说，儿子到了青春期，他们对男孩的学习就产生了更多的期望，他们希望儿子能考个好的学校，希望儿子掌握更多的文化知识，但同时，此阶段男孩的学习任务也急剧加重，这段时间的男孩最需要父母给予学习上的辅导。因此，我们不仅要做好父母，还要做好孩子的家庭教师。针对儿子的学习困扰，我们一定要重视，但更要注意方式，我们要多注意引导，多培养男孩的兴趣，激发男孩的求知欲，传授正确的学习方法，从而让其提高学习效率，提升学习成绩！

害怕考不好，心理压力大——过分在意分数

我们都知道，学习是学生的天职，每一个青春期的男孩都对自己的学习成绩尤其是考试分数很在意，很多时候，成绩似乎是学生的人格和面子，很多老师和家长以学生的考试成绩来评定学生的好坏，其实，这种观点是错误的，考试成绩只是检验学习效果而已，一个真正的好学生，并不是完全从考试成绩上来评定。

"考考，老师的法宝；分分，学生的命根"，这句话在学生中甚是流行，"学生学习的动力是什么，老师教学的方法是什么？""学生，最关心的就是分数；老师，最关心的也就是考试"，这是学校最流行的口头禅，也形象地反映了分数的重要性。升大学要考试，要凭分数来录取你。考个高分，就能上个名牌大学；考不好，即使是差0.1分，你也名落孙山。所以，家长也急功近利地只要孩子的分数。只要考试成绩好，一切就万事大吉，否则，就会成为学校、老师、同学、家长鄙视的对象。很多青春期男孩，身上背负了太多沉重的担子。

冲刺中考的洋洋总觉得自己时间不够，生怕自己考不好，不能进省重点高中，于是挑灯夜战，想抓紧最后一段时间多复习点。可由于休息不够，导致精神萎靡、心神不定，上课也提

不起精神，为此，洋洋妈妈很担心。

生活中，不少孩子和洋洋一样，认为只有抓紧时间学习，不放过每一分每一秒，尽可能地多学习东西，才能学习好，才能考个好分数。其实这是一种误解，因为休息不好，会对眼睛、大脑不好，睡觉就是要自己的左半脑休息的，如果休息不好就达不到休息的目的，一整天你都会觉得全身无力，提不起精神。

其实，考试只是一种检验学生一段时间学习状况的手段，而不是目的，老师让学生考试也不是为了把学生考倒，也没有哪一个老师希望看到学生一蹶不振的样子，所以，我们一定要引导青春期男孩摆正考试的心态，才能让孩子轻松应对各种考试。

而对考试这一问题，为了缓解男孩的心理压力，我们需要按以下方法与男孩沟通。

1.教育男孩正确看待分数

现代社会，很多家庭都只有一个孩子，因此，只要男孩好好学习，家长就要什么给什么，对男孩的照顾更是无微不至，尤其是那些懂事的男孩，很想考到好成绩来报答父母。但我们父母一定要让男孩明白：学生很在意分数是理所当然的，毕竟这是学习效果的一个重要体现，但这不是唯一的体现。如果考试成绩较好，自然值得高兴，但如果没考好，找到失利的原因，下次再接再厉，不必垂头丧气。

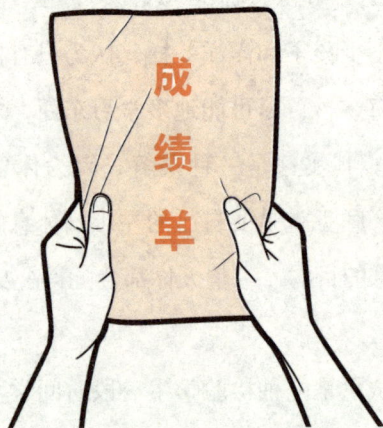

2.告诫男孩在平时做好积累和考前复习

有句话说："平时不努力，临时抱佛脚。"很多男孩面对考试就紧张兮兮，担心考不好，临考前仍然"开夜车""搞题海战术"等，如此不但可能会使大脑负荷过重，还可能会引发考试焦虑症。

为此，我们一定要告诉男孩，拿到好成绩不难，只要做好积累和考前复习。

男孩做好积累，才能在考前合理安排学习和休息，不对自己求全责备，这样，既会学习，又会享受娱乐，有张有弛，这有利于保持身心的平衡。

复习是考前准备的重要部分，也属于平时积累不可小觑的环节。考前复习，可以根据考试大纲的要求进行全面细致的复习，不要过多地抠偏题难题，要注意知识点之间的联系，避免孤立地强记硬背。复习充分全面，就会增强自信，减轻焦虑心理。

3.引导男孩明白无论考试失败或者成功，都要善于总结经验和教训

我们要告诉青春期男孩，如果考试失利，不要简单地把原因归结于粗心或者其他某个单一的原因，而应该认真分析，在下一次的考试中规避类似问题，找到不同的原因才能对症下药。聪明的同学早已经开始规划下一阶段的学习了，俗话说得好：一步领先，步步为营啊！

总之，我们要告诉男孩，青春期只有一次，人生不可以重来，学习的机会也只有一次，所以要趁着青春努力学习，但不可过分看重分数，否则只会增加自己的心理压力，用这样的心态面对考试，即使考试失利，你也一定能投入新的学习生活中来。

青春期男孩为什么会偏科——偏科现象

生活中，作为父母，我们发现，不少青春期的男孩有偏科的问题，明明其他科成绩都不错，但就因为那一两门功课没学好，拉低了整个成绩。那么，这些男孩为什么会偏科呢？我们先来看看下面这一案例：

　　王先生的儿子亮亮上初三，学习成绩一直不错。

　　一次数学测验，下课铃响了，亮亮还在埋头答题，数学老师催了几次，他都跟没听见一样，仍在做题，老师发火了，走过去夺卷子，亮亮用手一按，卷子撕破了，老师怒气冲冲地拿着卷子走了。亮亮在当天的日记里写道："我恨死数学老师了，今后，我上课不听她的课了，在路上遇到她，我也不和她讲话！"

　　于是，就这样，亮亮的数学成绩一路滑坡，在后来的考试中，成绩也是一次比一次差，王先生为此很伤脑筋。

　　导致青春期男孩偏科的原因有很多种，故事中的亮亮就是因为和老师发生矛盾而影响了对该学科的兴趣导致偏科。但作为父母，我们都明白，每个青春期的男孩，在学习上都要做到均衡发展，不可偏科。

　　可能你的儿子也有这样的烦恼：对于自己不喜欢的学科，越是不喜欢就越不想学，久而久之，导致自己学习成绩越来越差。俗话说，兴趣是最好的老师。在学习中，兴趣是一种强大的动力，一旦人们对某一学科产生兴趣，就会促使他们积极探索，克服困难，直至成功。但中学阶段的大部分学科都是枯燥的，再加上一些学生可能不喜欢某门学科的老师，或者学习底子差，进而逐渐开始不喜欢这门课，而对学科没有兴趣反过来也让他们没有学习动力，学习成绩自然会下降。

　　作为父母，我们都应该成为男孩的学习导师，都应该帮助男孩克服偏科现象。以下是几点建议。

1.帮助男孩了解学习不同学科的意义

孩子不喜欢某一门学科，可能是因为他对这门学科的重要性认识不足，而且有些课的内容本身枯燥，不一定是老师的责任。这时我们家长就应该引导男孩，让他明白，每门学科都是有用的，男孩都必须努力学习。学会去做好不喜欢做的事情，也是他走上社会之后必修的一课，不能任性地逃避。

如果你的孩子不喜欢英语，那么，你要告诉他："英语是一门工具课，无论你将来从事何种职业，都用得上。如果你等到需要用的时候再努力，就失去了最佳的发展时机。"

2.告诉男孩可以尝试投入和喜欢这些学科

人的态度对学习是很重要的，有时态度决定一切。心理学研究表明，当一个人对某一事物不感兴趣时，可以假装喜欢，告诉自己，其实我挺愿意去做这件事的。这样一段时间以后，你就会在不知不觉中改变自己的态度，变得对这件事情感兴趣了。

3.男孩不喜欢这些学科，可能与学习成绩有关

其实很多东西，在一个人不会或没有获得成就感的时候，往往是"没意思"的，如果他迫使自己去学习，并获得进步，这时可能就对之感兴趣并喜爱它。

如果孩子在这些学科上，学习成绩不太理想，你要告诉他，不要过分焦虑，不妨降低一点目标，采取逐步提高的办

法。同时，也可以了解一下别人的学习经验，加以借鉴。要相信，一分耕耘，一分收获。当你的成绩有所进步时，你的信心会因此得到增强，学习兴趣也就相应地得到了提高。

总之，我们要让男孩明白的是，所有的课程，都是向别人学习的机会。三人行必有我师，因此，无论男孩喜不喜欢某一门课，我们都要培养男孩学习的兴趣，只有这样，男孩才能真正端正态度努力学习。

男孩的成绩为什么再也提不高——高原现象

在青春期男孩的学习上，一些家长可能遇到过这样的困惑：为什么我的儿子在经过一段时间的努力学习后变得停滞不前、提不起学习兴趣呢？实际上，这就是学习中常见的"高原现象"。

"高原现象"是一个比喻。现在，我们来画一个图形，以时间为X轴，学习效果为Y轴，将学习者学习时所花的时间和取得的效果连成一条线，从这条线中，我们不难发现两个问题：第一，一般情况下，学习者的学习效果如何，是与其学习时间成正比的；第二，很多时候，时间和学习效果这两者之间的关系，并不是完全呈规律性变化的。也就是说，在学习者刚开始学习时，曲线显示的是，学习者花的时间越多，进步就越快，学习效率就越高，但接下来，曲线显示的却是一个明显的接近水平线的波浪线不会呈现规律变化，再接下来，又会出现斜率较大的曲线。

这条表现学习效率与所花时间、精力之间关系的曲线，常被比喻为学习上的"高原现象"，而中间呈相对水平状态的那段波浪线，常被比喻为学习上的"高原时期"。

也就是说，一般情况下，青春期男孩在学习时，在刚开始都有明显的效果，但后来就会出现一个收效不大的情况，学习原地踏步甚至还会出现倒退。此时，对于男孩来说，他们会显得慌张，不知如何是好，作为父母，也会焦急，甚至把原因归结于男孩的不努力、不认真。而实际上，男孩的学习状况之所以会出现高原现象，是有一定的原因的，一般来说，可以分为以下几种情况。

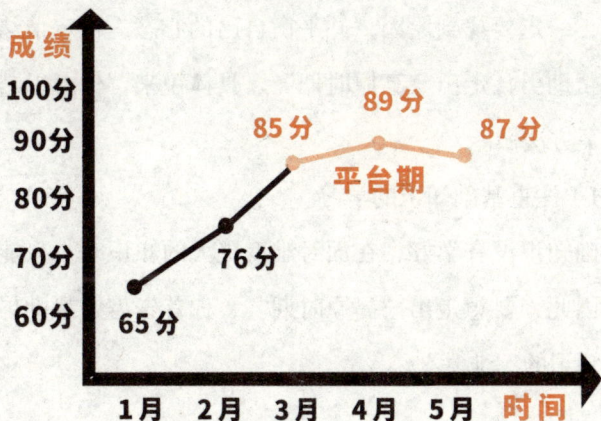

成绩

100分
90分
80分
70分
60分

85分　89分　87分

平台期

76分

65分

1月　2月　3月　4月　5月　时间

1.学习难度大、学习方法守旧

我们需要肯定的一点是，青春期男孩学习内容的难度已经增大，因此，当男孩还在用同样的方式方法去学习新内容时，自然会觉得吃力。

2.学习动机因素

这一点，多半会发生在那些学习成绩一般的青春期男孩身上，他们认为，反正自己学习成绩不怎么样，再怎么努力也不会有什么效果，于是，他们变得得过且过，也不去努力。当然，有的男孩则是目标过高、动机过强，总是无法企及，导致学习兴趣降低，甚至产生厌学等消极情绪。

3.身体原因

身体是学习的本钱，男孩身体不适，自然不能静心学习，也就会成绩不佳。

但无论何种原因，作为父母，在知道男孩出现"高原现象"时，一定要找到原因，并平衡自己的心态，稳定情绪，这样才能帮助男孩走出"高原时期"。具体说来，你可以帮助孩子按如下方法做。

（1）注重基础知识的学习。

基础知识没有学好，在面对难度更大的知识时，只能束手无策，因此，要想走出"高原时期"，你首先需要帮助男孩打好基础知识的"地基"。

（2）改进学习方法。

家长要告诉男孩，在学习中，一定要懂得思考，要发现哪些方法是应该保持的，哪些是需要改进的。如果青春期男孩有不喜欢复习的习惯，那么，他就会很容易忘记刚学习过的内容，这一点，就是需要改正的。

（3）坚持体育锻炼。

身体是学习的本钱。即使你的儿子再聪明、学习再努力，他若没有一个好身体，那么，也无法发挥学习上的优势。因此，作为家长，不要一味地督促男孩学习，还应提醒他们多锻炼身体。有的男孩为了学习而忽视锻炼，身体越来越弱，学习越来越力不从心。这样怎么能提高学习效率呢？

（4）注意休息。

熬夜学习并不能取得很好的效果，只有充足的睡眠才能保证第二天精力充沛，因此，家长最好督促男孩定时就寝、坚持午睡。

"高原现象"在学习每一种新知识时都会发生，在各个年龄段的孩子身上都会出现，而青春期更是孩子身体急速生长、学习压力加大的时期，这种现象更容易出现，而且会循环出现。有时持续时间短，有时持续时间长。作为家长，当青春期的男孩在学习上遇到这一问题时，一定不能急躁，应该找到具体的原因，对症下药，帮孩子顺利走出低谷。

一学习就犯困——重燃男孩学习的热情

不少青春期男孩的父母发现，男孩好像总是提不起学习的劲头，似乎一拿起书本就想睡觉，不仅是做家庭作业，就是在课堂上，老师们也会有这样的反映。那么，这是为什么呢？

我们先来看下面的案例：

刘先生一度很烦恼，因为儿子刘江的学习问题，远在美国的他还必须回国一趟，为儿子办理退学手续。实际上，刘江从前是个读书努力、听话的好孩子，但上初三后，却变得学习懈怠了。事情是这样的：刘江还小时，父母就把他丢给了爷爷奶奶，爷爷奶奶对于他关怀备至，让他衣食无忧，还生怕他在小伙伴中吃亏，所以他与同龄人的接触机会被剥夺了。同学们都说他太自私，不愿与他来往。他自己也将自己封闭在小圈子里，一心向学。上初三后，他的心变得不安起来，看到班上的同学三五成群在一起聊天、说笑以及讨论问题，他感觉到更加孤独，他逐渐觉得自己读书不快乐，于是试着走近他们，但他们却不太理他，他自己感觉怎么也融入不进去。渐渐地，他为上学发愁，看书更添烦恼，上课不认真听讲，沉默寡言，心事重重，几乎不再拿书本，学习成绩由全班第一变成倒数。

案例中，刘江之所以学习成绩下降，是由于失去了学习的动力，找不到学习的乐趣和动机。

青春期是孩子长身体、长知识、长智慧的时期，也是其道德品质与世界观逐步形成的时期。他们面临着生理与心理上的急剧变化，加之每天周而复始的学习生活，很容易产生心理上的"变异"。一般表现在以下三个方面。

第一，不认真上课，注意力不集中，思维涣散，或者打瞌睡，或者做小动作，严重的还会干扰其他同学听课。

第二，课下不愿意自主学习或者根本就不学习，对于老师布置的作业或者练习，也是草草了事或者根本就不予理睬。对考试、测验无所谓，只勾几道选择题应付了事，既不管耕耘，更不管收获。

第三，逃学，这是厌学的最突出表现，也是最严重的表现。这些学生总是找理由旷课，外出闲逛、玩游戏等。严重者，甚至跌到少年犯罪的泥坑。

这些表现我们都可以归结为学习消极、没热情。对此，我们父母可以通过积极暗示法让孩子重新燃起学习的热情。

具体来说，我们可以按如下方法与男孩沟通。

1.阐述自己的经验，暗示男孩学习的重要性

男孩年幼的时候，可能不懂得为什么父母要他们好好读书，但在他们青春期时，父母应有意识地向儿子阐述自己的经验。例如，你可以告诉他：在这样一个竞争十分激烈的社会中，没有知识，就等于没有生存的本领，每个人都在用知识为了自己的未来打拼。寒窗苦读的过程的确很辛苦，但这是任何人立于世的必经过程。

男孩有了这样的心态，即使他们在学习过程中遇到了很大的压力，也能找到适当的方式发泄一下。为此，每一个男孩，都需要父母有意识地培养他们对学习的热情。

2.表达对他殷切的期望

积极期望就是从改善学习者自身的心理状态入手，让他对自己不喜欢的学习内容充满信心，相信它是非常有趣的，自己一定会对它产生信心。想象中的"兴趣"会推动男孩认真学习它，从而逐渐对学习产生兴趣。

3.教育男孩从达到小目标开始

在学习之初，帮助男孩确定小的学习目标，学习目标不可定得太高，应从努力可达到的目标开始，不断的进步会提高他的信心。

4.帮助男孩培养自我成就感

在男孩学习的过程中每取得一个小的成功，就进行奖赏，达到什么目标，就给他什么样的奖励。有小进步、实现小目标则小奖赏，如让他去玩一次自己想玩的东西；有中进步、实现中目标则中奖励，如买一本他喜欢的书画或乐器等；有大进步、实现大目标则大奖励，如周末旅游等。这样通过渐次奖励来巩固男孩的行为，有助于他们产生自我成就感，也会逐渐建立学习的积极性。

不爱学习——青春期男孩学习动机不足

到了青春期，很多男孩对自己的人生路途比较迷茫，不明白自己为谁读书、为谁学习，更多的则认为是为父母学习，为了给父母争面子。而这种学习态度直接导致这些男孩对待学习和生活冷漠，没有热情，对什么都没有兴趣，觉得整个世界都是没有意义的，整个精神状态看起来都无精打采，对什么都不在乎。

当青春期的男孩能树立正确的学习动机，那么，他们就有了动力，并且，即便是在学习的过程中遇到了很大的压力，他们也能克服。

这是一个初中男孩的日记：

我出生在一个十分幸福的家庭，爸爸妈妈十分疼爱我，但是我不快乐。从小就是妈妈管我学习，爸爸在外面挣钱。每次我除了做完老师布置的习题，还要做妈妈布置的额外任务。记得有一次妈妈对我说做完20道题就可以出去玩儿，然后她就去做饭了，为了投机取巧，我把前后几道应用题做完就说自己做完了，我想，妈妈是不会发现的，然后我就出去玩了。天黑的时候我才依依不舍地回家。

一到家，我就觉得什么地方不对，只见妈妈沉着脸叫我进屋，问我："题都做完了吗？"我心虚地说："做完了。"妈妈生气了，问："真的吗？"我不敢说话，闷闷地站着。妈妈更生气了，说："你为什么要撒谎？你以为你学习是为了谁？"我还是不说话。只见妈妈一下子冲到桌子面前，呼啦一下把我桌子上的笔、本子和书全都扫到地上，气呼呼地转身走了。

我吓坏了，妈妈尽管平时对我比较严厉，但是从来没有发过这么大的火，就算是她打了我，我也没有这么害怕过，因为每次妈妈打完我最后还是要过来哄哄我的。我一个人呆呆地站在那里，不敢动也不敢说话，心想：要是以后妈妈再也不管我学习了可怎么办？屋子里渐渐暗下来，妈妈没有来，也没有别人来叫我去吃饭。

就这样不知道过了多久，我收拾好散落一地的书、本子和笔，鼓足勇气走到妈妈面前，对妈妈说："妈妈，我错了，我不该骗您，以后我不这样了。"妈妈当然马上就原谅了我。

虽然那次妈妈没有打我，但是真的把我吓坏了，而且从那以后，我再也没有骗过妈妈。但是，学习究竟是为了谁呢？

作为家长，看完这个故事，是否有所感触？相信你的儿子也可能会像故事中的男孩一样认为努力学习是为了父母的面子、老师的名声？不得不说，如果男孩这样认为，那么，他肯定会觉得读书、学习是一种负担，没有学习动力，又怎么能学得好呢？

为了帮助青春期的男孩树立正确的学习动机，我们可以按如下方法与他们沟通。

1.引导男孩思考：努力到底是为了谁

哈佛大学前任校长劳伦斯·H·萨默斯曾经在课堂上建议每一个哈佛学生每天都问自己一个问题："我为什么要学习？"

表面上看，这是一个很简单的问题，实则非常重要，因为一个人，只有具备良好的学习动机，才有强烈的学习欲望。相反，如果一个人没有良好的学习动机，不明白做事的目的，就很难产生强大的内驱力。

确实，如果男孩不明白自己学习的动机，不明白读书的目的，就会把学习当成负担，把读书当成任务。

所以，我们父母也可以这样向男孩提问，努力学习到底是为了谁？你可以继续追问：

"有时候，父母是会逼你学习，会剥夺你玩耍的时间，会让你觉得不近人情，但你是否真的知道自己是为了谁而读书呢？"

我们一定要让青春期的男孩明白，读书是为了他自己，年幼的时候，可能他不懂得为什么父母要他好好读书，但随着年龄的增长和学长们的经验教训，他也能感受到读书的重要性。知识改变命运，没有知识的人在未来社会只会被淘汰，读书是为了获取知识，为了让自己未来的人生路走得更平坦。

当男孩明白自己为什么读书、为谁读书，考虑清楚这个问题，相信他也能找到努力学习的动力！

2.以父母过来人的经验告诉男孩努力学习的重要性

我们可以以自己曾经读书的经历来引发男孩思考这个问题，如读书时的辛苦和学成后的喜悦或者因知识存储不够给现在生活带来的不便等，从而让男孩明白学习和读书的重要性。

总之，我们只有让青春期的男孩明白读书是为了他自己，只有帮助他摆正这一心态，才能激发他的学习动力！

一到考试就紧张——帮助男孩减轻考试焦虑

生活中，每个男孩到了青春期后，随着学习内容的增多、难度的加大，他们也会产生一些心理压力，尤其是一到考试，他们就更容易紧张。对此，作为家长，我们要帮助青春期男孩疏导考前压力，使他们轻松应对考试。

东东是个贫困生，长时间的心理压力，让他不得不看心理医生，他在心理咨询中说道："我的家庭十分拮据，父母挣钱很艰难，但他们都极力支持我读书，并说只要我考得上大学，倾家荡产、贷款也要供我读书。回到家里，不管有多么繁忙，他们也不让我做家务，因为我的任务就是学习。在别人看来，我是一个多么幸福的孩子，可他们哪里知道，在这'幸福'里，我背负了多么沉重的心理压力，我怕考试，我怕自己成绩考差了，对不住全家人。"

　　这里，我们可以看出，东东的考试压力来自家庭，父母供他读书不容易，对他期望太高。因此，一旦考试失利，就很容易产生负罪感，父母的期许成了他的负担。

　　我们不可否认，青春期男孩身上的学习压力很大一部分来自外界，如父母的、老师的、同学之间的，但压力终究是自身的一种精神状态，也是可以解除的，这需要作为父母的我们做孩子的心理导师。

　　以下几种方法可以帮助青春期男孩平衡自己的内心，正确处理考前的焦虑问题。

1.鼓励男孩，告诉他："你可以"

　　无论做什么事，自信对于一个人来说，都是极其重要的，这关系到一个人的潜能是否能被挖掘出来。很多的科学研究都证明，人的潜力是很大的，但大多数人并没有有效地开发这种

潜力。假如你有这种自信，你就有了一种必胜的信念，而且能使你很快就摆脱失败的阴影。相反，一个人如果失掉了自信，那他就会一事无成，而且很容易陷入永远的自卑之中。

青春期男孩面对一考试就焦虑的问题，重要原因就是对考试结果的期望太高。如果他们抱着轻松的心情，不太在意考试结果，那么，他们自然就能心平气和地面对考试。

为此，作为父母的我们一定要鼓励男孩："你可以的"，并告诉他不要太在意考试成绩，想必他是能控制自己的焦虑情绪的。

2.告诉男孩几种考前减压的方法

（1）考前两天：增强自信，择要复习。

告诉男孩："你在考前复习时要有所侧重，只要检查一下重点内容是否基本清楚就可以了。所谓重点，一是老师明确指定和反复强调的内容；二是自己最薄弱的、经常出错的地方。如果确认这些地方已没有问题，就可以安下心来，并反复暗示自己'复习很充分，一定可以'。"

（2）考试前夜：尽情放松、睡眠充足。

考前的休息也十分重要，千万不要在考试前夜牺牲睡眠时间去复习，这是得不偿失的。临考前夕，要尽情放松，看看花草散散步，减轻心理紧张度，听听音乐愉悦心情，打打球调剂大脑，早些休息，一定要避免思考过多，精疲力竭。

（3）考试当天：适时到校。

考试当天，首先必须做到吃早吃好。也就是说要有充足的用餐时间，最好在考前一个半小时用餐完毕。否则会因过多血液用于消化系统，使大脑相对缺血，影响大脑功能的发挥。

在到考点时间上，一般在考前20分钟到校为宜。太早了，遇到偶发事件的可能性增大，极易破坏良好的心态。过迟，来不及安心定神，进入考试角色的心理准备时间太短，有可能导致整场考试在慌乱中进行，造成不必要的失误。

（4）掌握一些答题技巧。

在具备了扎实的基础知识、良好的心理品质后，考试时还应该掌握一定的应试策略，这里讲的应试策略就是科学地应试，掌握一定的方法技巧，这对实现考试目标有着至关重要的作用。总有一些男孩考试时怯场、晕场，除了心理上的原因外，没有掌握科学的应试方法也是一个重要原因。

另外，我们还可以告诉男孩：如果做出以上努力后，仍怯场，也不必惊慌。这时你不妨按照以下步骤去舒缓紧张状态：先搁下试卷，稍做一下揉面等活动，或伏案休息片刻，这种转移注意力的方法，有助于克服紧张情绪。也可采取深呼吸的方法慢慢呼气、吸气，同时放松全身肌肉。经过1~2分钟的练习，也能消除紧张状态。

被动学习——提升男孩学习的自动自发性

在竞争激烈的当今社会，一个人的竞争力如何，很多时候体现在他是否有自主学习的能力上。因为这涉及一个人最终能否获得丰富的知识，能否变得博学。同样，青少年学生也应该学会自觉、自主地学习。如果你的孩子能做到自主学习，那么，他的学习效果就会显著加强，远非注入式教学所能相比。

古人说得好："善学者，师逸而功倍；不善学者，师勤而功半。"一个学生一旦有了自觉学习的理念，他就能主动学习，独立思考，将来长大参加工作，他还能找到自身不足，不断地扩充自己的专业知识水平，懂得探究，最终实现人生目标。

当然，自主学习的能力不是一朝一夕形成的，它是在学习实践中反复训练、反复运用、不断提高的。让男孩学会自动、自发地学习，需要作为父母的我们不断引导。

有一天，王奇和同学在家里玩游戏，那天，刚好是周六，两人居然玩了一整天，当王奇的爸爸妈妈回来时，他们还在"战斗"中。王先生有点生气，但出于教育孩子，他还是语重心长地对他们说：

"奇奇，你为什么每次都要我们督促才学习呢？你觉得学习是为了谁呢？"

"为了你们啊，我考好了，你们在单位同事面前就很有面子了。"王奇得意地回答着。

"儿子，你这么想就不对了，学习都是为了自己，爸妈在同事面前夸你，是因为我们高兴，最终受益的是你自己，知道吗？"王先生说。

"王叔叔说得对，王奇你这种想法可不对。谁都希望子女比自己强，辛辛苦苦地供孩子读书，也是希望孩子以后能有好的生活。我们应该给自己确立一个目标，努力朝目标奋斗。"王奇的同学纠正道。

王奇经过这一番谈话后，和同学在家打游戏的次数明显少多了。原来，他是躲进书房学习去了，在接连几次的月考中，王奇的成绩都提升得很快。

的确，青春期的男孩正处于身心发展时期，更是学习发展的绝佳时期。而男孩总是被动、消极、等待父母催促的学习状态，是很不利于提高学习成绩的。

为了引导男孩提升学习上的自动自发性，我们可以按如下方法与青春期的男孩沟通。

1.帮助男孩端正学习目的

你要告诉他：你为什么而学习？是父母强逼你学习，还是你有着伟大的梦想？如果在男孩看来学习是一件无奈的事，那他又怎么可能投入全部的热情学习呢？

2.帮助男孩制订详细的学习计划

盲目的学习是没有好的效果的，效率差的学习会让男孩的自信心逐渐消失殆尽。因此，你最好帮助男孩制订一份详细的学习计划：每天干什么，什么时间干……要有详细的计划，计划要切合实际，要略高于他现在的学习能力。这样能让学习计划来帮助男孩规范自己，约束自己，提醒自己，鞭策自己！依计划而行，则有条不紊，顺理成章；无计划行事，则毫无目的，失去所向。

3.督促男孩坚持学习计划

一直以来，学习都不是一件很轻松愉快的事情，也不是一蹴而就的事情，它必须付出艰苦的劳动。告诉男孩，不要把学习看作一种负担，一种包袱和苦差事，学习是一种追求、兴趣、责任，是一种愿望，学知识是为了人生更快乐、更有滋味、更有激情。为此，要按照学习计划，一步一个脚印，脚踏实地，逐步实现自己的人生目标。

总之，学习过程中，孩子自身才是学习的主人，你应该告诉他学会将自己的全部感官都调动起来，积极地参与到学习中去，自己去看书、去思考，去发现问题、分析问题、解决问题，从而让其掌握自主学习的方法，探索学习知识的规律。

第 8 章

敏感问题，我们与男孩沟通时不必小题大做

对于成长中的男孩来说，他们总会有这样那样的问题，尤其是到了青春期，这些问题更明显，如早恋、网瘾、赌博……说到底，这都是男孩在成长过程中出现的一些心理偏差导致的，我们父母不必大惊小怪，只要找到正确的沟通方法，并对其进行引导，就能从根本上疏导这些问题，引导男孩身心健康地成长！

如何帮助青春期男孩戒掉网瘾

现代社会，互联网已经盛行，互联网在给人们的生活带来方便的同时，也给人们带来一定的危害，尤其是孩子，现在的孩子，学会上网的年纪越来越小。上网聊天、玩游戏似乎已经成为他们每日必做的功课，对于青春期的男孩来说更是如此，他们上网无可厚非，但沉迷网络，肯定不是什么好事。大部分家长对青春期男孩上网都持否定的态度，其中担心影响学习、结交不良朋友、接触不良信息成为家长反对他们上网的主要原因。

上网影响学习成绩，是家长普遍担忧的事情。长时间上网，会导致孩子作业无法按时完成，上课质量下降，甚至会过于依赖网络，利用网络来搜索作业答案，造成独立思考能力下降。未成年学生自制能力差，一旦迷上了上网，便会长时间"寄居"在网上，将大量的时间和精力投入网络世界。对此，很多家长头痛不已。

曾经有一篇报道，讲述一个15岁的少年迷恋上网、沉迷网络游戏的经历。

他和很多"00后"的男孩一样追求个性、时尚前卫。其实，这名少年生长在一个很幸福的家庭，家里的长辈，尤其是爷爷奶奶很疼爱他。所有同龄人拥有的电脑、手机、MP4……长辈都给他买了。

　　他也一直是个很听话的孩子，但不知道为什么，到了初二的时候，他突然爱上了网络游戏，平时一放学就钻到网吧，要不就去同学家通宵打游戏。家长知道这样不是办法，便跟他说了几句，谁知道，孩子不但不听，反而变本加厉，甚至偷钱去网吧上网，一气之下的爸爸打了他一巴掌，从没被父母如此训斥过的他便负气离家出走了。

　　无奈之下的父母只好报警，幸好最后，警察在隔壁市的一间网吧找到了他。

　　现实生活中，有不少这样的男孩沉迷网络游戏。不得不说，现代社会，互联网的盛行，在给人们的生活带来便捷的同时，也毒害了不少不懂得上网节制的孩子。

　　不得不说，青春期的男孩似乎总是有解决不完的麻烦，其中就包括网瘾。一些男孩一放学就钻进网吧，或者回家就开电脑，网聊、网络游戏是他们的最爱，即使什么都不做，他们寄身于网络中也觉得愉快，可以说，这一问题已经让很多家长头疼不已。

　　看到网瘾对青春期男孩的种种毒害，不能不引起我们的忧虑：男孩沉迷于网络的原因是什么，我们应该怎么帮助他们？家长可以从以下几个方面让孩子解开网络的束缚。

1.掌握网络知识，不做网盲

家长不懂网络，就不能正确引导男孩上网、督促男孩健康上网。应该注意发现男孩上网过程中碰到的问题，在上网过程中及时与其交流，一起制订有利的措施。同时家长还可以在电脑上设置防火墙，防止男孩受到不良文化和信息的影响。

2.和男孩一起上网

网络的确可能给男孩的学习带来影响，但它并不是洪水猛兽，网络的作用不能全盘否定。父母可以和男孩一起上网，不仅能起到监督的作用，还能共同探讨网络中的很多问题，可谓两全其美。

3.定规矩，合理上网

家长应心平气和地与男孩定一些彼此都接受的规则，如只能进入指定的几个网站；别人推荐的网站须经过家长同意才能进入；要保护自己和家庭，不能在网上留下家人的电话号码；

上网时间不应超过2小时等。

4.把电脑放在家里的"公共场所"

父母可以把电脑放在家里的"公共场所"，如客厅或公用的书房等，这是帮助男孩安全上网最简单的方法。

5.男孩上网有瘾时，应多加监督和管理，有过程地帮助男孩戒除网瘾

对于孩子的网瘾，父母可以巧妙运用递减法。例如，从原来每天上网6小时改为5小时，再改为4小时，逐步减到每天一两小时，慢慢恢复到正常状态。不能急于求成，想一刀下去斩草除根，要在循序渐进中收到成效。

6.引导男孩正确使用网络工具，让生活变得更精彩

网络是把双刃剑，我们应用其利而避其弊，积极引导男孩科学理智地使用网络，成为网络真正的主人。网络的作用，我们已经深深体会到，我们要教会男孩利用网络信息的庞大和快捷，为生活带来方便。例如，当全家要出外旅游时，你可以将查路线、订酒店等任务交给男孩；当你需要某种书籍时，也可以让男孩在网上为你购买。让男孩体会到成就感的同时，还能开阔男孩的视野，培养男孩的生活自理能力。

上网就像孩子上街一样，刚开始，你可以带着男孩，让其注意安全，遵守交通规则。等待他熟悉了基本的路径后，家长就可以松开手，看着孩子操作。只有在男孩形成了良好的上网习惯后，家长才可以轻松地站在男孩的背后！

青春期男孩厌学情绪如何解决

随着社会竞争的日益激烈，每个孩子都必须掌握知识。正是因为如此，不少男孩尤其是要面临升学压力的青春期男孩开始背负沉重的学习压力，久而久之，他们似乎已经不再是为自己读书，而是为父母读书，除了每天紧张的学习外，他们还要面临残酷的学习竞争，一场场考试、一次次排名，把他们压得喘不过气来，久而久之，他们开始产生厌学的情绪。其实，缓解孩子的学习压力是个社会性问题，需要全社会的共同努力，但是做家长的负有最直接的责任。为了男孩的健康成长，每一个家长都要格外尽心和努力。

这天，在下班的路上，两位妈妈聊到了孩子的教育问题。

"王姐，最近怎么了，是不是有什么心事？有什么事，我们能帮忙的，就说出来，大家都是同事。"

"不瞒你说，是我儿子小明，我现在每天下班后的任务，就是把他从学校或者同学家拉回来。这孩子，不知道怎么了，现在就跟变了一个人似的，以前他很爱学习，人家问他以后的理想是什么，他都说是考大学，现在到了初中，不知道他在想什么，和小时候判若两人。对了，听说你家霏霏很爱学习，成绩很优异呢，你是怎么教育孩子的？"

"现在的孩子啊，是不好教育，很容易产生一些问题，尤其是厌学，还有抵触情绪呢。其实，学习越来越紧张，他们也有很大的压力。"

"我知道，可是小明根本不愿意学习，哎，真不知道拿这孩子怎么办。"

生活中，像小明一样，学生不爱学习的现象并不少见，要帮助男孩克服厌学情绪，我们可以从以下几个方面努力。

1.挖掘青春期男孩的兴趣

可能很多家长认为，孩子好像除了厌恶学习以外，他对什么都感兴趣，其实，这是一个普遍现象。曾经有一个调查显示，一方面50个孩子中只有4个没有过对学习的厌烦情绪，另一方面孩子的兴趣丰富多彩。另外，还有一个调查，如果可以不按学校的课程表上课，请孩子们自己给自己开一个课程表，而结果显示：

（1）第一节课是欧美音乐，第二节课是电影，第三节课是异国风情，第四节课是英语。

（2）希望全天上物理、化学。

（3）希望第一节课是自学，第二节课是体育，第三节课是英语，第四节课是班会……

从这一调查中可以发现，孩子对于那些文化知识，似乎都存在一定程度的厌烦情绪。为此，父母要在日常生活中多观察，发现孩子感兴趣的事物，从而引导其确定学习目的。在培养孩子的兴趣中，要给孩子一个机会，让他自己去品味，真正找到一种成就感，他可能就有兴致了。

2.帮助青春期男孩树立正确的学习动机

学习动机是任何一个男孩学习的根本动力，只有随着年龄的增长，不断地明确认识到学习目的中社会性意义的内容，男孩的学习才会有持久的动力。

一些家长爱用"不读书将来没饭吃""不读书一辈子干苦力"等话数落孩子，既没有给男孩讲道理，又没有直接激发孩子的具体实例，往往不起任何作用。

其实，兴趣才是最好的老师，青春期男孩的学习也是如此，只有让男孩真的爱上学习，他们才能化压力为动力。因此家长要注意经常鼓励男孩，激发他的兴趣，并潜移默化地向他灌输社会性理想，帮助他将目光投向社会、世界和未来。

例如，男孩原来对课本学习不感兴趣，上课随便讲话，做小动作。班主任老师在一次家访中，发现他爱饲养小动物，于是老师有意让他参加生物兴趣小组，并委托他饲养生物实验室的金鱼。他的兴趣得到合理引导，使得他不仅在课外活动中主动积极，而且生物课学习也表现得十分认真。

可见，男孩一旦对学习产生兴趣，便会积极主动地投入，消除怠惰情绪。

3.找到孩子不喜欢学习的原因，对症下药

我们父母首先要和青春期男孩自由沟通，以温和的态度和男孩探讨为什么不喜欢学习。父母了解他的问题所在，就要为他解决问题。对于因学习困难而对学习不感兴趣的男孩，父

母要耐心地帮助他找到困难的原因，帮助他掌握科学的学习方法。

4.切实帮助男孩解决学习上的问题

很多父母关心男孩的学习情况，只是把眼光放在孩子的成绩上，而没有认识到孩子有时候也需要家长在学习上对其进行辅导与帮助，有的孩子因为某一个问题没弄明白，一步没跟上步步跟不上，渐渐失去了学习的信心和兴趣。所以家长要真正关心孩子，就要注意他是否跟上学习进度。有条件的家长每周都要和孩子一起总结一次，发现哪里出现了问题就要及时解决，有的时候，还要请专门的老师给予专题辅导。孩子在学习上的困难得以解决，学习兴趣必然能够得到提高。

对于学习压力过大，已经明显表现出病态心理和行为的孩子，要积极求教于心理咨询师和治疗机构，在专业人员的指导下对孩子予以科学的辅导，逐步帮助孩子及时得到矫治。

理智对待和引导青春期男孩的早恋行为

在教育青春期男孩的过程中，很多家长最怕的就是孩子早恋，因此，很多家长认为，对于青春期的男孩，一定要严加看管，否则男孩很容易陷入早恋的泥潭，于是，孩子与异性说话都成为他们捕风捉影的信号。实际上，男孩进入青春期渴望与异性交往，是青少年身心健康发展的重要标志。如果没有这种心理需要，反而要打个问号了。再说，异性交往并非必然陷入恋情，更可能是同学、师生、朋友、合作伙伴等多种人际关系。即使孩子真的早恋了，作为父母，我们也不应粗暴干涉，否则，只会起到反作用，甚至会加深两代人的矛盾。

我们先来看看一段母亲和儿子的对话：

"孩子，其实妈妈明白你的心情，妈妈也是过来人，在你这么大的时候，也喜欢过一个人，那时候，他经常来学校找我，并对我无微不至地照顾，我发现自己爱上他了。可事实上，他已经有了家庭，我伤心欲绝，学习成绩更是一落千丈。"

"后来怎样呢？"儿子好奇地问。

"后来，就在那段时间，我们班转来一个新同学，他开朗、乐观，成为我的同桌，我们无话不谈，一起学习、交流心得，很快，他帮助我走出了那段情感的阴影。你知道这个人是谁吗？"

"不知道。"

"他就是你爸爸啊，我们很快相爱了，但是我们并没有沉浸在爱情的幸福中，而是约定要一起考大学，一起追求梦想，后来，我们大学毕业后就结婚了……"妈妈沉浸在甜美的回忆中。

"爸爸太棒了！"儿子赞叹地说。

"是啊，不然我也不会喜欢他，那你认为她呢？"

"我不知道，但她很漂亮。"儿子脸红了。

"孩子，妈妈也给你一个建议：你不妨跟她做个约定——你们要一起考上大学，等你考上大学之后，如果你还是这么认为，那么你不妨开始一段美丽的爱情。在这之前，你可以跟她做很好的朋友。"儿子点点头答应了。

并不是所有家长都能和这位母亲一样理解孩子，事实上，很多家长在知晓男孩在青春期谈恋爱后，都会火冒三丈，"棒打鸳鸯"，而最终结果是，男孩只会越来越坚信自己的选择，甚至做出更加"出格"的事。这时候家长的理解则是男孩接受家长建议的前提。因此，作为家长，我们不妨放下架子，与男孩来一次促膝长谈，帮助孩子脱离早恋的苦恼，从那段青涩的

爱情中走出来。

早恋，即过早地恋爱，是一种失控的行为。对于青春期的孩子来说，他们可以对异性爱慕，但必须学会控制这种心理的滋长和蔓延，更不要早恋。早恋，不仅成功率极低，而且意志薄弱者还可能铸成贻害终身的罪错。

因此，作为父母，对于青春期男孩的早恋行为，一定要保持理性。我们可以从以下方面来做。

1.要有清醒的头脑，决不能打骂孩子

作为父母，我们要理解青春期男孩渴望与异性交往的心情，当男孩真的早恋时，也不能打骂孩子，早恋也绝非洪水猛兽。

2.与其苦口婆心地劝导，不如巧妙引导

现实生活中，我们常常见到这种现象：一些青春期的男孩陷入早恋，父母的干涉非但不能减弱两人之间的感情，反而使之增强。父母的干涉越多、反对越强烈，恋人往往相爱就越深。为什么会出现这种现象呢？这是因为，人都是自主的，青春期的男孩开始有了一定的独立意识，他们开始关注异性，父母越是反对，他越是偏向选择自己的恋人。因此，深谙教育艺术的父母绝不会苦口婆心地劝阻男孩，因为他们知道这样，这么做只会让孩子爱得更深。

孩子在成长过程中会不断长大，自然会出现一些心理波动，作为父母，我们不妨采取一种讨论的态度，和男孩平等地讨论爱情，让孩子明白青春期是积累知识的时期，对异性的好

感并不是爱情，同时采取一些方法强化孩子的家庭归属感，让孩子重新把精力集中到学习上来。

3.告诉男孩与异性交往的分寸

我们不妨直言不讳地告诉孩子，青春期想接近异性的身体并不可耻，但一定要把握分寸，大胆、大方地与异性交往，即使对异性有好感，也只能让它们作为一种美好的愿望，珍藏在心底，等自己真正长大成熟时，恋情会以百倍的力量、热情、成熟来迎接你！

总之，我们要让青春期的男孩明白的是，青春期是打基础时期，将来从事何种事业还没有定向，他们今后的生活道路还很长，这个时候的早恋十有八九不能结出爱情的甜果，而只能酿成生活的苦酒。当孩子能正确处理青春期的"爱情"时，也就能把握好人生的舵，不会过早去摘青春期的花朵。

告诉男孩无论如何不要跨过爱的禁区

我们都知道，青春期是童年到成年的过渡阶段，进入青春期，男孩身体的各个器官逐步发育，也开始有了性的萌动，很多男孩以为青春期就可以过性生活。其实，青春期，无论是男孩还是女孩，性生活都为时尚早，对身心发展都很不利。

为此，作为父母，我们在日常生活中要与男孩进行沟通，要让男孩明白，不要跨过爱的禁区。

期末考试终于结束了，辛苦一学期，终于解放了，丁丁想好好地放松一下，他的爸爸妈妈都不是那么苛刻的人，他们说这天晚上可以允许丁丁跟好朋友出去玩，也可以好好地上一次网。丁丁一听可以上网，兴奋得像只小鸟一样，马上打开电脑，首先，他就登上了QQ号，和久违的几个朋友聊了起来。

他有个聊得来的朋友，丁丁叫他哥哥，一阵寒暄之后，两人聊起来了。好像这个哥哥有很多烦恼，于是，他一股脑儿地都和丁丁倾诉了。

"丁丁，我遇到了些麻烦，现在很烦恼，我不知道怎么办。我的女朋友怀孕了，我想带她去做流产手术！"

丁丁一听，吓得半天没说话，在他的世界里，毕竟都是孩子、恋爱、婚姻甚至怀孕这些事离自己太远了。

"哥哥，为什么要做人流手术呢？"

"怀孕了，还没结婚就要做人流手术呀。"

"那为什么你要让她怀孕呢，我听说手术对身体伤害很大。"

"是啊，我自己也后悔，总之，丁丁，你要好好学习，不要在学校谈恋爱，更不要做出什么越轨的事，不然到时候和我一样，害了别人，也害了自己。"

丁丁听完这些话以后，久久不能平静。

我们父母要告诉男孩以下几点青春期性行为的危害。

1.过早的性生活可造成生殖器管道损伤及感染

处于青春期的男孩，生殖器官并没有发育成熟，生殖器都还很娇嫩，对性生活也没有一定的保护措施，很容易引起感染等，也很容易受伤。

2.过早的性生活可严重影响心理健康

通常情况下，那些青春期的少男少女的性行为都是在偷偷摸摸的情况下进行的，根本没有任何的心理准备和生理准备，而且，事后，男孩和女孩都会因此感到可耻，又因怕女孩怀孕、怕暴露而产生恐惧感、负罪感及悔恨情绪，久而久之还会使人发生心理变态，如厌恶异性，厌恶性生活，性欲减退，性敏感度降低和性冷淡。

3.过早的性生活引起自己今后婚姻生活的不愉快

少男少女从相恋到以后的结婚是一个漫长的过程，男孩身上背负了更多的责任，但事实上，这期间，谁也不能保证两人始终相好如初，分手的事也是在所难免的，伤害的不仅是自己，还有女孩。这以后，无论男孩女孩再与他人成婚，如不告诉对方，自己会产生谴责感；告诉了对方而得不到对方的谅解，那么，两人的感情将会蒙上一层阴影，婚姻不会美满。即使从青少年时相恋至成婚，两人相好如初，新婚的甜蜜感也会因此而黯然失色。

4.过早的性生活可影响学习和生活

青春期是每个人人生的过渡期，也是知识的积累期，每个青春期的男孩子都要利用好这段时间学习，如果有性生活必然会影响学习和工作的精力，对本人、家庭和社会都不利，所以说青春期男孩应忌性生活，应十分珍惜自己的青春与身体，应把注意力和兴趣投入学习、工作中去，这对于自身的健康成长、事业成就、生活幸福都有重要意义。

当然，男孩在步入青春期以后，性器官日趋发育成熟，在性激素的影响下，都会产生一些爱慕异性的情感，并且，在日常生活中，男孩子还会遇到一些性刺激，如书籍、图像、电影等，这些都可能会让男孩产生性冲动，青春期男孩只要神经系统正常，大多会有正常的性欲，只是强弱不同而已。

对此，我们可以告诉男孩以下几种调节和控制性冲动的方法。

1.要有正常的生活和卫生习惯

男生生殖器的清洗同样重要，平时，男生也应注意外生殖器的清洁，避免不洁之物刺激生殖器。另外，睡觉时，要穿宽松的内衣睡觉，尽量避免对外生殖器的压迫和摩擦。

2.转移注意力，减少性冲动的来源

日常生活中，男孩应该多参加一些积极健康的活动，远离那些黄色书刊和电影等，这样，能有效减少性冲动的发生。

3.懂得自我教育

青春期男孩要锻炼自己的意志，一旦出现性冲动、性紧张，可进行自我调节、自我控制，暗自告诫自己：要冷静，不

要冲动。

4.采取偶尔手淫的方法缓解

对于实在难以缓解的性紧张，偶尔用手淫缓解一下，对人体并无多大害处，但要注意适度，不能因为好奇或追求快感而频繁手淫。

让青春期男孩远离赌博场所

作为成人，我们都知道，在我们的周围，有一些赌博现象，并且这种陋习已经开始蔓延到单纯的青春期孩子身上。赌博是生长在社会机体上的毒瘤，它腐蚀人的灵魂，使人道德沦丧，诱发犯罪行为，有百害而无一利，它使许多妄想不劳而获的人倾家荡产、妻离子散。

很多青春期的男孩，之所以被这一陋习所危害，都是有个过程的，刚开始是为了"好玩""刺激"而参加赌博性游戏。例如玩学校附近那些小摊贩设置的赌博性电子游戏、老虎机等小赌，进而发展到参加其他形式的赌博活动，甚至与社会不良人士有关联。他们没有经济来源又年少气盛，往往赌输了不服气，为了筹集赌资就去偷、去抢、去谋财害命。很多铁的事实警示着我们父母，一定要让青春期男孩远离赌博场所，并且坚决抵制这一不良社会风气。

学校组织了一次拒绝赌博的教育活动,并邀请全校学生的家长参加。活动是以一个本校同学为反面教材的,那个男孩叫马磊,初一时还是一个品学兼优的三好学生,升初二前的暑假,他交上了坏朋友,并染上了赌博恶习。通过电子游戏、麻将、扑克等赌博方式,马磊很快输光了自己所有的压岁钱、零花钱,他就回家偷父母的钱,进而发展到抢劫、勒索小学生钱财、入屋盗窃他人财物。初二下学期,他被送进了少年犯管教所。

每次学校都拿马磊做反面教材,家长听完也感慨很多,真是青春年少,一步走错,悔恨终身啊!

赌博是一种用财物作注争输赢的行为,是一种十分普通也十分常见的不良行为。虽然《中华人民共和国刑法》第303条明文规定了"赌博罪",禁止任何以营利为目的的赌博行为,但是,在青少年中,这种不良行为还是具有很高的发生率。

为了引导青春期男孩远离赌博,我们家长要与他们多沟通,具体来说,要做到以下几点。

1.告诉青春期男孩赌博的危害性

(1)参与赌博的男孩会对金钱产生一种不正当的欲望,也就是贪欲,久而久之会使他们的人生观、价值观发生扭曲,还会严重损害心理健康,造成心理素质下降,道德品质也会下降,社会责任感、耻辱感、自尊心都会受到严重削弱,甚至会为了赌博而违法犯罪。

（2）毒害心灵。赌博活动易使男孩产生好逸恶劳、尔虞我诈、投机侥幸等不良的心理品质。出于对金钱的渴望，这些青春期的孩子会把人们之间的关系看成赤裸裸的金钱关系，逐渐成为自私自利、注重金钱、见利忘义的人。更严重的还会导致违法犯罪，现实生活中有许多男孩因为赌博而引起暴力犯罪。

（3）影响学习。参与赌博的男孩，一般都无心学习，全部心思放在了输赢上，大量浪费学习和休息的时间，以至于严重影响学习，结果，造成成绩落后，甚至留级、退学。大量事例证明，参与赌博的青少年都会有不同程度的学习成绩的下降，而且陷入赌博活动的程度越深，学习成绩下降得就越严重。

（4）对身体的危害。由于赌博活动的结果与金钱、财物的得失密切相关，所以迫使参与者要全力以赴，精神高度紧张，精力消耗大。经常参与赌博活动会诱发严重的失眠、精神衰

弱、记忆力下降等症状，对身体造成严重危害。

（5）赌博习惯较难改。这些从小就养成赌博陋习的人一般长大后可能成为赌棍或职业赌徒，而且，经常赌博还会沾上吸烟、饮酒、偷窃、说谎、打架等坏行为。

只有认识到赌博的危害性，青春期的男孩才会想到赌博的后果，才会自觉抵制，有意识地远离赌博场所，从而避免赌博给自己带来伤害。

2.告诉青春期男孩远离赌博的几种方法

（1）谨慎交友。有些赌博分子常常会以"朋友"面孔，以一片"好心"带你去赌博，赌博分子往往把赌博吹得天花乱坠，说赌博可以快速发财致富，从而诱导青少年钻入圈套，使之成为受害分子。因此，青少年首先在择友上就要慎重。

（2）不去赌场、舞厅等社交场所。

（3）不要学习那些奢侈、糜烂的生活方式。这些堕落的生活方式常常出现在电视和电影的镜头里，如果男孩不去分析，只追求他们的生活，也会跌入赌潭不能自拔。那种不健康的生活方式千万不可学。

（4）懂得控制自己的情绪，不要因为一时激动，被那些赌博分子所怂恿，遇事要冷静，心境坦然，切不可被人激将而赌博。

（5）江湖义气不可学，仗义里面有乾坤。江湖义气是黑道人物和赌博集团笼络人心的口号，他们伪装在这层外衣下，青少年不去明辨是非，逞强做江湖英雄很可能走上邪路。

（6）正确对待挫折。挫折感常常让这些青春期的男孩走上赌博这条路，然后堕落，不能自拔。每个人身上都会发生不尽如人意的事情，遇到一些挫折，不要产生悲观焦虑心情，更不要逃避现实，用赌博等不良方式来解脱。要学会平静，心情开朗，正确处理身边发生的事情，不要为寻求刺激而参与赌博。

总之，我们要帮助青春期的男孩确立正确的人生观和坚定的意志，从一些生活小事上做起，防微杜渐，拒绝赌博。

时刻警惕男孩陷入黄毒禁区

大千世界五光十色，无奇不有，在我们的周围存在着很多的诱惑，有很多美好的诱惑，激励我们去追寻，但是，在我们的生活中，也有许多干扰我们成功、影响我们幸福生活，甚至严重危害我们身心健康的诱惑。有些诱惑成年人都无法拒绝，更何况青春期的男孩。那些不良诱惑有时就像"吸血蝙蝠"，让人舒舒服服地上当，在不知不觉中成为它的俘虏，这其中就包括黄色暴力。

对此，我们父母，一定要告诫并引导青春期的男孩，让他们必须学会分辨并自觉抵制社会生活中的黄毒，才会有健康幸福的生活、学习和未来。否则，将会为之付出惨痛而沉重的代价。

　　李辰原本是一个小网虫，初二暑假那段时间，他大部分的时间都是在网上度过的。有一天深夜，李辰爸爸起来上厕所，发现儿子还在上网，他无意中瞥见儿子在浏览一些性爱网站，他当时一惊，准备第二天找儿子好好谈谈，那一夜，李辰爸爸再没睡着。

　　第二天一大早，李辰正要打开电脑，李辰爸爸对儿子说："你先别急着上网，我先跟你讲个故事。"

　　"爸，您大清早的讲什么故事啊?

　　"你先听我说完。"爸爸很严肃的样子。

　　"那好吧，您讲吧。"

　　"我们单位主任的儿子，他比你大两岁，你知道，他现在在哪儿吗?"

"在哪儿？"李辰很诧异。

"少管所。他现在是一个少年犯。"

"为什么？"

"他也是在初二那年，迷上了网络。他曾参加过全市中学生电脑操作大赛，并获得一等奖，学校、家长都为他骄傲。暑假里，他整天泡在网上。有一天，他在网上看到了一个令人意想不到的情景。一开始他感到很慌乱，连忙关掉电脑，但直观的视觉刺激使这个十五六岁的男孩子焦躁不安。于是，他又坐在电脑前，打开电脑，进入该网站，继续看起来。从此以后，他想入非非，静不下心来做暑假作业，整天沉湎于色情网站。"

"后来呢？这和他犯罪有什么关系？"

李辰爸爸喝了口水，继续说："一次，他的邻桌女同学到他家学电脑、上网，他在教了这位女同学基本操作程序后，就打开了上次自己看的网页，那种不堪入目的画面又出现了。以后，他就以'学电脑'为名，多次引诱该女同学到家里看黄色录像，其实，他自己也知道这样做不对，可是他控制不住自己。终于有一天，他们发生了不该发生的事。一个星期天上午，他又将罪恶之手伸向一名年仅13岁的幼女，这个女孩哭着离开了她最崇拜的'电脑高手'。两天之后，他就因强奸幼女被'请'进了少管所。"

李辰听完这些以后，终于知道爸爸的用意所在，知道自己错了，要不是爸爸的教诲，估计自己也有可能走上违法犯罪的路，那样，自己就也成了黄毒的牺牲品。

当前，因黄毒犯罪是全社会都面临的一个问题。青春期的男孩，要拒绝黄色诱惑，无论是观看碟片，还是上网娱乐等，都要观赏健康向上的、有益身心健康的内容，否则，就会被黄毒吞噬掉自己的未来。

的确，处于性启蒙期的青春期男孩，开始对性知识有了很多的好奇，但很多青春期男孩并不是通过书本、父母等正常渠道得到这些性教育，而是色情网站或者一些黄色光碟、图书、刊物等，他们比女孩子更容易受到诱惑，而这，很容易导致他们陷入黄毒的泥潭不能自拔。

为此，我们要对青春期的男孩进行引导，与他们多沟通，让他们坚决抵制黄毒，以下是几点建议。

1.告诉男孩黄色暴力的危害性

要想让男孩做到自我抵制黄色暴力，就要让他们认识到黄色暴力的危害性。对于青少年来说，被黄毒侵害，容易想入非非、性冲动、手淫、纵欲、嫖娼甚至导致性病、败坏社会风气等，让男孩主动远离黄毒，才能让他们做到不接触、不欣赏、不沾染、不模仿，自觉抵制黄毒的侵袭。

2.告诉男孩几个远离黄色暴力的方法

（1）遇到黄色的东西，如黄色、淫秽影碟，裸体书画，印有裸体女人的扑克等，一律交大人处理，及时告诉老师或家长，让自己平静下来，不受其影响。

（2）与周围同学和朋友谈论的话题要避开黄色。

（3）不要到经营录像的游艺厅去看录像，也不要随意看家长借来的影碟。

（4）如果有人向你兜售影碟和光盘，要坚决不理睬他，更不要听信他的花言巧语。

（5）经常参加有益身心的活动，如登山、游泳等，这些健康活动是驱除黄毒的灵丹妙药。

（6）要加强体育锻炼，和女同学健康交往，多参加集体活动。

总之，青春期，是人生的迷茫期，这个时间段的男孩的确很容易被黄毒诱惑，我们父母要做好监督工作，并引导男孩做到自我抵制，才能将黄毒拒之于千里之外，当然，除此之外，社会、学校也承担着应有的责任。另外，从源头上抵制黄毒，还要青春期的男孩有良好的自制力，好好把握自己，这是最不可忽视的一个环节。

第 9 章

不可忽视，怎样与青春期男孩沟通这些家庭问题

瑞典教育家爱伦·凯指出："环境对人的成长非常重要，良好的环境是孩子形成正确思想和优秀人格的基础。"青春期是每个男孩性格、个性形成的关键期，作为父母，我们要努力为男孩营造好的成长环境，然而，我们又不得不面临一些家庭问题，如夫妻离异、单亲家庭、母亲更年期的到来等。对此，我们需要找到方法与男孩沟通，将这些问题给男孩造成的伤害降到最小，进而让他们健康快乐地成长。

父母与青春期的男孩如何谈离婚问题

对于任何一个成长期的男孩来说，他们都希望有一个完整、和谐的家庭，父母相亲相爱，在这样的环境下成长，他们也才会真正地快乐。父母关系破裂、离婚对于心智尚未成熟的男孩来说，确实是一个不小的打击，但父母也有追求幸福的权利，所以，一些父母会产生疑问，难道要为了孩子选择维持名存实亡的婚姻吗？当然不完全是，对于尚能挽救的婚姻，父母要努力经营，但如果到了非要离婚不可的地步，就要多为孩子考虑，尽量把即将带给孩子的伤害降到最小。不过让一些家长懊恼的是，儿子正处于青春期阶段，有叛逆情绪，与他们谈父母离婚问题，难度更大，稍有不慎，就有可能对男孩的身心发展有不利的影响。

涛涛是个很可爱的孩子，他原本生活在一个衣食无忧的家庭里，他的爸爸是一家公司的高管，母亲是家庭主妇。但就在他上初一的时候，命运和他的家庭开了个玩笑——他的爸爸妈妈离婚了，原因是爸爸出轨，爸爸妈妈离婚后，涛涛由其母亲独自抚养。妈妈把全部希望都寄托在涛涛身上，要他好好读书，日后成为一个有作为的人。

虽然妈妈对涛涛寄托了很大的希望，自己省吃俭用供涛涛读书，但是涛涛的成绩总是很差。妈妈想尽一切办法帮助涛涛，可还是不见起色。后来经过观察，妈妈发现跟自己的家庭氛围有关。妈妈性格内向，加上离婚和生活的压力，所以总是愁眉不展，因此，家里总是笼罩着一层沉重的气氛。涛涛的爸爸也偶尔会来看望涛涛，但和妈妈说不到三句话就开始吵架，在学校的时候，涛涛也能感觉到周围的人都在嘲笑他，久而久之，涛涛的心灵蒙上了阴影，涛涛有了沉重的心事。

在我们的生活中，很多离异家庭的男孩都有涛涛这样的心理状况，因为父母在离婚的时候，没有与他们进行良好的沟通，让男孩的内心蒙上了阴影，对男孩的成长造成不利影响。

那么，针对离婚问题，我们的父母要如何与青春期的男孩沟通呢？对此，教育心理学家给出以下几点建议。

1.在男孩面前要表现得宽容，告诉男孩即使父母离婚也会继续爱他

父母离婚，无论是什么原因，都不要在儿子面前互相抱怨或者攻击对方，让男孩认为你们之间存在仇恨。相反你要在孩子面前表现得宽容。父母矛盾不断，只会让孩子感到矛盾，不知道谁是对的，谁是错的，最终会出现情感和行为分裂，使其人格成长受到影响，严重的会导致心理问题，乃至心理障碍和心理疾病。

2.对于男孩的教育问题，父母要共同协商

（1）经济方面。男孩接受教育和培养，就要有物质上的付出，对于这一问题，父母不可推卸责任，也不可因为内心亏欠孩子而溺爱他，这样只会有损于孩子的成长。

（2）男孩成长中的重要事件。对于孩子成长中的诸多事宜，如什么时候读幼儿园、小学去哪里读、孩子学习成绩差要不要请家教、大学要读什么专业、以后出不出国等问题，最好都由父母共同协商。

3.经常参加男孩在学校的活动

在男孩的学校生活中，少不了一些公共活动，如家长会、运动会，在家长看来，这可能是无关紧要的小事，但对于孩子来说却是他们成长过程中的大事，对于这样一些时刻，父母最好都在场。而对于男孩的生日，父母更要与孩子一起庆祝，这样，你的儿子就会明白，父母离异是他们自己的事情，他并没有因此失去父母，要告诉男孩爸爸妈妈都很爱他。

4.了解孩子的精神需求

我们教育儿子，并不是只给孩子吃饭、穿衣即可，父母尤

其是要对他们精神层面的需求给予充分满足。一定要抽时间陪伴男孩，哪怕只是陪着他们玩耍。

5.离异的父母要充实自己的生活

离异的父母如果不打算再婚的话，最好也有自己的工作或者其他兴趣爱好，也可以找一个伴侣，这样，你才不会因为空虚而把所有精力放到男孩身上，以至于给男孩造成太大的心理负担。也有一些父母认为为了男孩不找伴侣是对男孩好，其实不然，一个没有正常情感生活、不快乐的人很难保持自我身心的平衡，不免将自己的不快乐情绪转嫁给男孩，反而不利于他们的健康成长。

当然，要做到以上几点，对于父母来说考验到他们的综合素质，必须有足够的耐心，以及很好的人际关系处理能力，不少人正是因为缺乏这一能力，才无法经营好自己的婚姻。所以如果一些父母认为自己无法面临离异后对孩子的教育问题的话，可以咨询专业人士，获得他们的帮助，让自己尽快恢复正常生活，才有足够的心理能力不让孩子承受父母离异的痛苦。只有快乐的人，才能培养出身心健康的孩子。

当青春期"撞"上更年期，别一味地唠叨

但丁说："世界上有一种最美丽的声音，那便是母亲的呼

唤。"女人固然是脆弱的，母亲却是坚强的，没有无私的自我牺牲的母爱的帮助，孩子的心灵将是一片荒漠。其实，相对于父亲来说，母亲的爱更细腻，她们会把所有对儿子的爱都放到语言和行动上，会关注孩子的一切。然而，随着岁月的流逝，很多母亲进入更年期，她们依然用昔日的唠叨来表达自己的爱，而男孩也进入青春期，他们越来越希望做独立的自我。此时，青春期就"撞"上了更年期，于是，儿子"咆哮"了，妈妈伤心了。那么，在家庭沟通中，如何避免这种家庭大战呢？

刘先生的儿子小凯已经14岁了，正值青春期，而他的妻子40岁，正是更年期，当青春期遇上更年期，少不了几场战争，刘先生常常夹在妻子和儿子之间左右为难，不过他总是能找到解决的办法。

这天，儿子在房间做作业，妻子突然大声嚷嚷起来："小凯，你昨天又去踢球了啊，衣服怎么不拿进卫生间？我都忘记洗了，臭了都。真是的，这孩子。"

小凯随口应了句："哦。"

听到儿子这么随便的态度，妻子有点生气，提高了声调："你这什么态度，每次都这样，能不能有点责任心。"

妈妈的责备让小凯也生气起来："不就是洗个衣服吗？至于吗？"

刘先生见情况不妙，赶紧对妻子说："老婆大人，你天天这么累，都是我不好，你去休息下，我来洗。小凯，你先把作业做完，一会儿爸爸找你打轮游戏。"说着，刘先生就拿起儿子的脏衣服往卫生间走去。一场战争就避免了。

案例中的场景，可能在很多家庭都出现过。如果你的儿子正值十几岁，你是否发现，最近这一两年的时间，儿子好像很厌倦妈妈的唠叨，事实上，妈妈唠叨，孩子反感，正是青春期撞上更年期的表现。案例中的刘先生，很明显是个善于经营家庭和调和家庭矛盾的人，在一场家庭战争即将爆发的瞬间，他发挥自己的聪明才智，及时扑灭了这场战火。

那么，作为父母，当青春期遇上更年期的时候，我们该如何处理呢？有以下几点建议。

1.爸爸做好"和事佬"

爸爸要告诉男孩："在家庭角色中，有一个很难扮演的角色，那就是母亲。一个女人从步入家庭开始，就成为一个妻

子，然后成为一个母亲，每个母亲都会把自己的角色当成一生的事业来经营，其中要面对柴米油盐的琐碎，要照顾孩子的生活起居，要承担孩子成长的欢乐忧愁……为了家庭和孩子，她们操碎了心，但很多时候，却换来你的不理解。你已经是一个男子汉了，生活中，对于你自己的事，一定要自己处理，要学会自理。另外，妈妈毕竟是一个女人，你还要像一个真正的男子汉一样保护她。闲暇时间，帮母亲做一些家务吧，尤其是体力活，这会让她感受到儿子真的长大了，一定会从心里感到安慰。"

爸爸告诉男孩这些，能让男孩感受到母亲的艰辛，也就能从心底真的理解母亲的唠叨。

2.妈妈向儿子说说心里话

大部分情况下，母亲和青春期男孩对话，都是单向性的，而这个阶段的男孩最厌烦的就是母亲的唠叨。作为母亲，如果你能在闲暇时间坐下来和儿子好好聊聊，让儿子理解你，那么，是能消除母子之间的矛盾的。你要告诉男孩："要真正理解母亲，就不要做问题男孩，不要让妈妈担心。你能想象，你和小伙伴在网吧彻夜不归的日子，我是多么担心；你和社会青年在一起混日子的时候，我有多么害怕你会走错路；你和同学打架受伤的时候，我比你还疼……青春期固然会遇到一些成长中的问题，但妈妈可以是你倾诉的对象，可以是你的知心朋友，妈妈是过来人，会帮助你度过不安的青春期。无论如何，亲爱的儿子，你要理解妈妈，对于妈妈的唠叨，也别再唱反调了。"

总之，无论是青春期的男孩还是更年期的母亲，心中都有一股无名火，他们常常需要发泄，这难免会造成母子之间的矛盾。面对这一问题，作为父母的我们，一定要寻找方法及时灭火，以防止家庭矛盾的扩大化。

单亲家庭里的男孩，更需要沟通

随着单亲家庭的不断增加，单亲父母如何同子女相处和交流已为人们广泛关注。单亲孩子的主要心理问题是：自卑、压抑、忧郁、敏感、悲伤、焦虑、冷漠等。其实，作为单亲家庭的父亲或母亲，如果在同子女的交流沟通中，多注意一下言谈的方法和艺术，引导他们克服弱点，发扬长处，那么单亲孩子也能像普通孩子一样健康成长。

小林是个单亲家庭的孩子，父亲在一起车祸中失去了生命。他和母亲相依为命，母亲把所有的希望都寄托给了他。为此，小林努力地学习，希望能用好成绩回报母亲。

随着初三的到来，小林感觉到压力越来越大，要是中考考不好怎么办？妈妈会伤心！一想到这点，他的心情就很烦躁。

这天，小林在客厅看电视，妈妈对他说："你该去看书了。"

　　听到这，小林很莫名其妙地回了一句："你能不能别逼我了。"妈妈听完后，站在那儿愣了半天，孩子是怎么了？

　　单亲家庭，这一由来已久的社会问题早已成为普遍现象，一般人直觉认为单亲家庭是离异家庭。但随着家庭、社会结构的多元化，家庭可能因为各种因素造成单亲，如离婚、配偶死亡，甚至未婚先孕等。由于单亲家庭的成因不同，及个人所拥有的内外在的资源不同，面对单亲的感受及调适也就有所不同。控制离婚率，减少单亲家庭的数量，则可以从总体上缓解单亲家庭孩子面临的危机。当然，对于单亲家庭的家长，如果你的儿子已经进入青春期，你更应该多与他们沟通，他们是渴望倾诉、渴望得到家长的理解的。只有多沟通，才能让男孩敞开心扉，从而健康快乐地成长。

　　具体来说，我们要做到以下几点。

1.明白解释，不遮掩

　　成人世界里的一些概念，如离婚、后母之类，不少单亲家庭对它总是讳莫如深。其实，一味闪烁其词地遮掩，无异于暗示了它们是可鄙之事。相反，如果父母能用浅易的言辞和通俗的事例予以解释，便有可能使男孩以一颗平常心看待它们，对家庭也少了疏离之感。

2.接受现实，排除外界干扰

　　除了家庭的影响外，令单亲男孩烦恼、自卑的，还常有外界的是非之议。当外界出现对男孩不利的敏感话题时，父母有必要安慰、开导他，注意用亲切话语让男孩辨清是非，指出努力方向，以此排除干扰，培养其健康向上的性格。

3.积极引导，给予男孩更多的爱

比起双亲家庭来说，单亲家庭的男孩更需要关心和爱护。过分地责备只会损害他们的自尊、自信，造成他们提防、警戒和疏远他人与社会的心理。相反，要注意发现男孩的长处，多对孩子说一些赞扬鼓励的话，就容易造成愉悦的氛围，使孩子得到更多的爱。

4.尊重男孩的意愿，再婚莫牵强

对某些家庭来说，单亲只是一个过程。当父亲（母亲）打算再婚时，男孩能否接纳新的母亲（父亲）往往是个难题。如果父母全然不理睬男孩的意见，家庭危机也就在所难免;相反，如果能耐心地引导，代际间得到共鸣和信任，重建新家的问题也就迎刃而解了。

5.巧妙解释，给予男孩完整的爱

在孩子的成长过程中，父爱和母爱都是不可缺少的，单亲家庭要努力满足孩子对这两种爱的渴望。

总之，对于单亲家庭来说，无论是何种原因导致的单亲，我们都不要掩饰这一问题，掩饰无异于在隔断亲情的联系，给男孩心灵投下浓重的阴影。相反，如果巧妙地直说原委，满足孩子的愿望，就有可能抹去他们关爱残缺的伤痕，使之像双亲

家庭的男孩一样开朗乐观。综上所述，家长用心的话，我们的
男孩就能幸福，要知道，我们任何一个家庭，都有这样那样的
琐事，再温馨的家也难免有俗务琐事、闲言碎语乃至小吵小
闹，所以对于单亲家庭来说，本来就不完整的家，就需要家长
付出更多的关心，一个家长要承担起两个家长的重担，让每个
单亲家庭的孩子都能快乐成长。

别让家庭冷暴力伤害青春期男孩

随着社会的进步，人们的生活水平不断提高，但人与人之
间的交流却少了，在我们心灵的港湾——家中同样也是如此，
冷暴力的现象越来越多地出现在家庭中。所谓冷暴力，是暴力
的一种，它的表现形式为冷淡、轻视、放任、疏远和漠不关

心，导致他人精神上和心理上受到侵犯与伤害。同样，对于青春期的男孩来说，他们最怕的就是来自父母的冷暴力。

生活中，一些父母总是喜欢用自己的想法来要求男孩，一旦男孩达不到自己的要求便对男孩冷眼相向，不理不睬。男孩犯错时从来不会给孩子温和的言语和笑脸，受到父母的影响，男孩在与人交流的时候也不会太过友好。很多男孩会认为家长对待自己的方式也是别人对待自己的方式，所以他们会渐渐地疏远所有的人，把自己孤立起来。

俗话说：天下无不是之父母。父母做的每个决定都是为了男孩好，他们无意去伤害他们的儿子，但是有些决定的后果却不是父母都能预料得到的。有时候面对冷暴力，青春期男孩未必能理解父母的良苦用心，只会被这种暴力伤害得更深，从而影响亲子之间的沟通。

小鹏是个优秀的男孩，在家里的时候总是很听话，在学校的时候学习、人缘都很好，且一直是"三好学生"称号的获得者。但是最近小鹏的爸爸却发现小鹏每次放学都不按时回家了，有很多次甚至是等到天黑透了才回家。

小鹏的爸爸十分生气，这天，小鹏的爸爸觉得自己再不管小鹏就要学坏了，于是他不管三七二十一就把小鹏狠狠地批评了一顿，事后也没有给小鹏解释的机会。一天，小鹏在茶几上写作业，他爸爸正在看报纸，突然电话铃响了，是小鹏的老师。老师跟小鹏的爸爸说，他们最近搞了一个课外辅导班，成绩好的学生在课后帮助成绩差一点的学生，尽快地帮他们提高成绩，小鹏最近几天之所以回来那么晚不是贪玩，而是在帮助同学。小鹏很开心地跟爸爸说："爸爸，我没有去玩儿，我是在帮助同学。"小鹏原本以为爸爸会向自己道歉，但是没想到爸爸说："就你还去帮助别人，你还是得了第一名再去帮助其他的同学吧。"

小鹏因为爸爸的这些冷嘲热讽开始变得郁郁寡欢，每当他想要帮助同学的时候，爸爸冷嘲热讽的话就会在脑海中回响起来。后来，他再也不敢帮助同学了，和同学的关系也开始疏远起来。而且小鹏从听到爸爸说"你还是得了第一名再去帮助其他的同学吧"这句话起，总觉得爸爸对他不满意。他的心理压力特别大，成绩也受到了影响，和爸爸的关系也越来越僵。

在家庭中，无论是亲子关系还是夫妻关系，都要重视沟通，父母教育青春期男孩更是如此，我们要及时了解他们心中所想，在自己的心中积极地摒弃冷暴力。只有父母和男孩建立了良好的沟通渠道，父母才能更好地引导男孩。而且父母在向孩子提出更高的要求的时候一定要讲究方法，要比以往更有耐心。不要对男孩使用冷暴力，否则孩子不仅不能达到父母更高的要求，还有可能对自己进行自我封闭，那样就会得不偿失。

我们家长要知道，家庭中的冷暴力，会让男孩走向心灵南北极，不仅不会达到教育青春期男孩的效果，反而会让男孩觉得与父母没有共同语言，从而影响亲子之间的关系。

那么，父母们，你们了解冷暴力对于青春期男孩成长的负面影响吗？

1.冷暴力会影响男孩的性格发展

冷暴力会让男孩变得冷漠、孤僻，在学校，他们不愿意与人交流、玩耍，不愿意与人合作，表现得自卑，严重的可产生自闭症。

如果男孩所处的家庭冷暴力很严重，那么，久而久之，孩子内心就会变得越来越冷漠，心理防线很强，不愿意与人分享自己的事情，对待别人的事情也漠不关心，这就是孤僻。孤僻的男孩是无法融入集体的，未来也是无法融入社会之中的，这样的人不可能有很好的发展。

2.冷暴力会扭曲男孩的心灵

如果男孩长期处于冷暴力的生活环境中，那么，久而久之，你会发现，你的儿子变得敏感、不轻易信任他人，外表冷漠，内心自卑又缺乏安全感，生活自闭，这对于孩子的成长是极其危险的。

3.冷暴力会影响男孩未来的婚姻家庭生活

如果男孩从小就生活在一个冷暴力的家庭里面，那么，随着他们年纪的增长，他们最终也会组建家庭，他们就会把自己的一些负面情绪带到以后的感情生活和婚姻生活里去，尤其是在自己遇到争吵的时候，他们也会采用冷暴力的方式去解决问题，这就是恶性循环，他们的孩子也会受到影响。

总之，作为父母，我们一定要重视亲子关系的沟通，不可让男孩在冷暴力的家庭环境下成长，如果我们对男孩使用冷暴力，那么孩子就不愿意把自己内心的想法告知父母。这样做不仅影响亲子关系，还会让孩子患上一些精神疾病，这一定是广大的家长不想看见的结果。

别让家庭问题影响男孩的成长

生活中，我们每个人都像一只在海上漂浮的小船，只有家庭，才是我们的港湾，它能给我们带来安全感，同样，身心骤变的青春期男孩，也需要这样一个温馨、和谐的家，只有在这样的家庭环境下，他才会感觉到轻松、安全、心情舒畅、情绪稳定，也只有这样的家庭也才有利于男孩身心健康成长。因此，从这一点看，家庭中的父母长辈，也都应该以快乐的情绪生活，并为男孩建立一个温馨和睦的家庭氛围，同时，即便家庭中存在一些问题，也要尽量沟通，无论如何不能影响男孩的成长。

为此，我们父母需要给男孩提供一个舒适的生长环境。父母要记住，孩子的优秀品行不是从天上掉下来的，而是适应环境条件培养出来的。我们的儿子在出生之后，父母就要尽可能地为他营造一个安静祥和的成长环境，使他从小对生活充满无限的积极幻想，这样，他在长大成人之后，才能更有品位地生活。

曾经有专家对一批婴幼儿进行跟踪调查，调查表明，那些生长于和谐、温馨的家庭氛围中的孩子，有这样一些优点：活泼开朗、大方、勤奋好学、求知欲强、智力发展水平高、有开拓进取精神、思想活跃、合作友善、富于同情心。

另外有一项调查，少管所中，不少孩子是由于父母不和、家中经常吵架，甚至离异，全然无视孩子的教育，严重影响孩子的身心健康发展，致使孩子走上邪路。

家庭成员间的关系如何，会对男孩在以下两个方面产生影响。

第一，那些幸福、温馨的家庭中，成员之间是互相信任的，在这样的环境中成长，男孩终日耳闻目睹，它的感染力是巨大的，潜移默化地使男孩无形中学会热情、诚实、善良、正直、关心他人等优良个性品质。

第二，在这样的家庭环境中，成员之间是互相爱护的，对于男孩，他们也是疼爱有加的，除自己的学习和工作外，他们有更多的精力关心孩子，这有利于男孩的智力开发，知识经验的积累以及能力的提高，为入学后的学习打好基础。

孩子犹如一株嫩苗，在一个和谐的家庭中才能健康地成长。为了孩子，也为了全家的幸福，父母长辈应该随时保持好心情，从而为孩子创造一个良好的成长环境。

总之，良好的家庭情感、和谐的家庭气氛可给男孩以良好影响，每一位家长都应从男孩形成优良的个性品质、健康发育成长的责任出发，努力为男孩营造一个温馨和睦的家庭环境，进而避免家庭问题阻碍他们成长。

父母吵架，别把战火烧到男孩身上

作为成长期的男孩来说，他们都希望自己能生活在温馨和睦的家庭中，然而，在家庭中，因为各种原因，夫妻吵架在所难免，大到工作烦恼、经济问题、感情问题，小到一些鸡毛蒜皮的事，都可能引发夫妻之间的口舌之争。夫妻吵架是一件正常事，但对于青春期的男孩来说，如果整日生活在父母的吵闹声中，他们难免会心生厌烦，学习也会受到影响。因此，作为父母，我们要明白，无论如何，都别把夫妻之间的战火烧到男孩身上。

小志一度总是心神不宁，上课不专心，下课了也在学校游荡，就是不愿意回家。

这天，放学后，8点多了，小志还是没回家，爸爸妈妈给小志所有的同学都打了电话，也去小志经常去的地方找了一遍，都没有看到他的影子，他们很着急，正当他们垂头丧气地赶回家时，却发现小志坐在小区操场里，他们赶紧走上前去。

"小志，你怎么在这里？你知不知道，你不回家，爸妈都着急死了，你说，你为什么不回家？"妈妈既关切又生气地问。

"你别吓唬孩子，让孩子自己说。"爸爸说。

"你就知道说我，你一点都不关心孩子。"

"我怎么不关心了……"

两个人吵起来。

"够了，你们知道我为什么不回家吗？就是因为家里总是战场，你们一天到晚吵个不停，我怎么学习，怎么看书？我很烦，不回去就是想找个地方清净一下。"小志一口气说完这些话，说得爸爸妈妈都安静了。

过了会儿，爸爸说："对不起，儿子，我们没有考虑到你的感受，让你受伤害了。不过你知道吗？婚姻里没有不吵架的，琐碎的生活难免让家人间磕磕碰碰，但我们每次吵完架都和好如初，没什么严重的事，你不要担心。这样，爸爸跟你保证，下次再吵的话，你就站出来惩罚我们好不好？"

"嗯……"

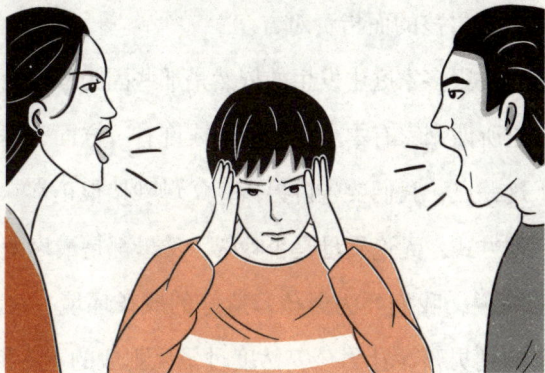

可能在不少家庭中，都发生过案例中的这种情况，父母吵架，孩子为了躲避战火，选择不回家或者离家出走。的确，青春期本就是心烦意躁的年纪，男孩如果总是生活在吵闹声中，很容易引发他们的逆反情绪。当然，案例中小志的爸爸是个善于沟通的父亲，对于他和妻子的吵架问题，他给了小志一个中肯的回答，让小志欣然接受。

那么，在家庭中，我们该如何沟通，才能让男孩接受夫妻吵架的现象呢？

第一，我们要告诉男孩，每个家庭都有矛盾，难免会吵架，你不必紧张，而应该保持镇定，先找到解决的办法。因为稍有不慎，或许会将矛盾更加激化。

第二，多沟通，避免吵架。无论是丈夫还是妻子，都要冷静下来，告诉自己凡事可以商量，不必非要吵架。

第三，如果是一些原则性问题，如夫妻感情淡了，或者正处于离婚的边缘，那么，也可以坐下来心平气和地沟通。另外，不要当着男孩的面指责对方。

当然，在很多家庭中发生的依然是那些因为琐事而产生的大吵大闹，正所谓家家有本难念的经，或许有一方面正是指的这个吧。对于这一点，我们要告诉男孩，父母吵架很正常，也是沟通感情的一种方式，无论父母是否吵架，父母都是最疼爱你的人。

总的来说，我们要为男孩营造好的成长环境，尽量避免口舌之争影响到男孩，让男孩安然度过暴风雨般的青春期！

第 10 章

沟通禁忌，与青春期男孩沟通要注意这些问题

　　教育心理学家曾说过："父母教育孩子的最基本的形式，就是与孩子谈话。我深信世界上好的教育，是在和父母的谈话中不知不觉地获得的。"的确，与孩子交流与沟通，是解决一切教育问题的良药。缺乏沟通，就缺乏了解，所有的教育都将无从谈起。对于青春期的男孩来说，他们开始有了独立的意识，相对于其他年龄段的孩子来说，这一阶段的他们更渴望能与父母平等对话，更希望得到成人的尊重。因此，我们在与青春期的男孩沟通时，一定要找对方法，尤其是一些沟通禁忌，千万不能触及，如此才能更好地帮助男孩，使男孩更加健康快乐地成长。

避免喋喋不休，防止无效沟通

作为父母，我们都知道，青春期男孩也是孩子，也需要我们的呵护，尤其是到了身心急速发展的青春期，一个不小心，男孩就可能学习成绩下滑，或者结交一些不良朋友等，因此，多半时候，我们都会对男孩的一举一动相当敏感，总是担心他们这个弄不好，那个弄不好的。一旦男孩在某些方面不如我们的意，我们就会喋喋不休、苦口婆心地劝说，而实际上，我们忽略的是，我们的儿子已经进入青春期，他们的自我意识开始萌芽，他们不愿意再像婴幼儿时期一样服从家长和老师，他们希望获得像大人一样的权利。因此，青春期的孩子，最讨厌的就是父母的唠叨，他们会觉得父母很啰唆！

同样，也有调查资料显示，当父母在孩子面前喋喋不休，把自己真正要讲的意思和许许多多"废话"，如抱怨、絮叨或责备都夹杂在一起，或是把要对孩子说的几件事和几个要求都混在一起跟他说个没完时，反而会适得其反。

东东家里就他一个孩子，可以说他就是爸妈的"心头肉"，爸爸妈妈生怕他遇到什么不开心或者委屈的事。所以，除了工作外，他们把所有的精力都投入东东的身上，而东东也一直感觉自己很幸福。

可是自从东东上了中学后，东东的爸妈发现，儿子好像变了很多，好像心里总是有很多秘密似的，而儿子也不主动与自己沟通，这让他们很担忧。为了改善亲子关系，在东东生日那天，他们特地带着东东去了他最喜欢的自助餐厅。

来到餐厅后，妈妈取了很多东东最爱吃的食物，和爸爸一起对东东说："生日快乐！"他们本以为东东会开心地一笑，没想到东东很冷淡地说了一句："谢谢！"这让他们很意外。

"怎么了，你不开心吗？记得你以前最喜欢我们给你过生日了！"妈妈疑惑地问。

"没什么，吃吧！"东东依旧低着头，轻声说。

"东东，你要是学习上遇到了问题，一定要跟妈妈说。"妈妈继续说。

"真的没什么。"东东已经有点不耐烦了。

"可是你今天真的很不对劲啊，你要是不跟我说的话，明天我去学校问老师。"

"你怎么总喜欢这样啊，烦不烦？"东东的分贝提高了很多。

这时，爸爸打破了母子之间的尴尬，笑呵呵地说："我们儿子长大了啊！儿子说说，今天在学校都发生了什么新鲜事儿啊？"

东东抬起头，淡淡地说："没什么事儿，每天都一样，上课、下课。"爸爸不知如何接口，饭桌上一片沉默。

我们发现，这段亲子间的对话，毫无效果，其实原因是多方面的。作为母亲，东东的妈妈在沟通技巧上还有待学习与提高：干巴巴的道理唠唠叨叨个没完没了，讲话的语气咄咄逼人，这都会让男孩觉得你很烦，自然不愿与你继续交流。

父母本来应是男孩最愿意倾诉衷肠的对象，但不少父母往往把关心当成了喋喋不休，甚至招来孩子的厌烦。我们的儿子到了青春期，他们渴望倾诉、渴望被理解，但他们更需要父母施以正确的沟通方式。那么，家长在这种情况下应该怎么做呢？

以下是几点建议。

1.察言观色，多听少说

日常生活中，我们对男孩的关心不一定全部要通过语言，我们不妨学会察言观色，从一些小细节上发现孩子细微的变化。

即使与男孩交流，我们也要对孩子的反应敏感些。孩子对谈话内容感兴趣时，可将话题引向深入，一旦发现孩子有厌烦情绪，就应立即停止，或转移话题，以免前功尽弃。另外，即使找到交流的话题，也应力求谈话简短有趣、目的明确，切忌啰唆，以免造成切入点选择准确，但交流效果不佳的情况发生。

2.用"小纸条"代替你的唠叨

沟通不一定是"用嘴说"，用小纸条也是不错的方法。

小杰是个单亲家庭的孩子，他的母亲在他3岁的时候就离开了，他的父亲就身兼母职，独自抚养小杰。父亲因为工作需要经常出差，但他出门前总会在冰箱上留一个便条："里面有1杯牛奶，3个西红柿，请不要忘记吃水果。"在写字台上留张条："请注意坐姿，别忘了做眼保健操。"

多年以后，小杰考上了大学，父亲为他整理东西时，竟然发现他把这些纸条全揭下来并完整地夹在书本中。父亲的眼睛一下子湿润了——原来孩子的情感之门始终是向自己敞开的，自己对他的关爱他也始终珍藏在心底。

3.不要只关心男孩的学习

曾经有个调查得出这样的结论："在与孩子沟通的问题上，家长指导孩子学习的占70%，这就是问题的症结所在。"孩子的成才应该是全方位的，只抓孩子的学习，对孩子全面发展是极易产生负面的影响。这些，是对任何年龄阶段的孩子实施家庭教育过程中都应该避免的。

为此，作为父母，我们若想和男孩沟通，就需要多关注孩子除了学习外的其他方面。如果你的儿子是个球迷，那么，你可以默默地帮孩子收集一些信息，孩子在感激后自然愿意与你一起讨论球技、赛事等；如果你的孩子爱唱歌，你可以在节假日为孩子买一张演唱会门票，相信你的孩子一定备受感动，因为他的父母很贴心、明事理。

这种类型的交流是"润物细无声"式的，它没有居高临下的威迫感，极具亲和力，男孩也容易打开心扉，接受与父母的交流。

当然，让青春期的男孩打开心扉，与男孩交流的方式、方法远不止这些。但总的来说，我们一定要避免喋喋不休这种无效的沟通方式。

让沟通更有趣，别一开始就谈学习问题

作为父母，我们都知道沟通在与青春期男孩相处中的重要性，但沟通并不容易，那么问题出在哪里？也许是青春期这个特殊年纪的原因，也许是父母的沟通方法出了问题。

做父母的首先要注意沟通的方式方法。先反思一下：您是否爱唠叨？您与儿子的话题是否永远都是学习、听话？您是不是经常暗示儿子一定要考上好大学？那您是否发现，儿子越来越不愿意和你交流？您的儿子是不是觉得你越来越"土"？之所以请您反思，是因为男孩在长大，或多或少会表现出逆反心理，我们越是要求他们，他们越是不听。最好的做法是改变我们自己的行为方式，打开与孩子交流之门，缩短与孩子的心灵距离。

事实上，我们要知道，学习是大多数青春期男孩最反感父母与之唠叨的一个话题，要想跟男孩做好沟通，最好避开这一

话题。

一度，杨太太和她上初中的儿子关系闹得挺僵，她只好请自己的一个做老师的姐妹刘老师来调解。

这天，刘老师来到她家，单独会见她的儿子。这个大男孩上小学时参加过刘老师组织的夏令营，对刘老师很热情，也很乐意和她聊。

"我妈对别人客客气气，对我却总是大发脾气。每天我妈下班回来，我一打开门，只要见她脸拉得老长，我便立刻跑回自己的房间，把门关紧，省得挨骂。"说着杨太太的儿子举出几件实例。

"你妈也不容易，她在单位是领导，操心的事不少，她回家又要做饭、照顾你，够累的，爱发脾气可能是到了更年期……"

"更年期？"没等刘老师讲完，男孩就迫不及待地接过话头，"自打我上学，我妈脾气就这么坏，更年期怎么这么长？您给我来个倒计时，更年期哪天结束？我也好有个盼头！"

刘老师忍不住笑起来，她很同情这个男孩。事后她对杨太太说，我们不能怪孩子不理解我们，我们也该改变改变自己了，尽管改变自己不容易。平时，我们很在乎孩子的物质要求，注重对孩子生活上的照顾，却忽视了孩子内心的情感世界，特别是忽略了自己在孩子心目中的形象定位。

杨太太听到儿子对她的看法，说了句："如今当父母真

难，我们小时候哪有那么多事！"可她还是答应，要改变自己
对孩子的态度。

从这个案例中，我们看到，青春期是一个特殊的年纪，
男孩除了要面临身体上突如其来的变化，还要面临繁重的课业
负担和升学压力，父母在与青春期男孩沟通时，要尽量先避开
学习这一话题，这样能缓解男孩的心理压力，进而愿意与你
沟通。

然而，不少父母会问，我该和儿子聊什么呢？其实，要和
男孩做朋友，就必须与时俱进，了解你的孩子在想什么，只有
了解孩子才有共同语言。那么，哪些话题更适合与青春期的男
孩沟通呢？

1.谈点新话题

这些新话题应该是在青春期的男孩之间流行的，如最近哪

个明星最红、足球赛哪个队赢了等。了解这些新事物，能让儿子觉得父母不土，也就愿意与父母沟通了。

2.谈点孩子感兴趣的话题

任何谈话，如果双方所交谈的话题是交谈者自己感兴趣的话题，他就会投入十二分的热情，但是如果他对所说的话题没有丝毫兴趣，即使场面再大，对方热情再高涨，也会觉得寡淡无趣。我们父母要想和儿子和平相处，并得到对方的认同，就要彻底地了解儿子的所"好"，了解他感兴趣的话题。例如，儿子最喜欢的球星是谁？他喜欢什么样款式的衣服？他最喜欢做的事是什么？从儿子最关心的这些话题开始谈起，才会激发他的沟通意愿。

3.谈孩子知道而家长不知的话题

时代在发展，社会在进步，男孩的思维和知识面未必不如父母。作为父母的我们每天为了工作和柴米油盐奔波，可能有很多不了解的知识。此时，我们可以向儿子请教，这样能让男孩觉得父母对自己的尊重，一旦打开了沟通的心门，再让儿子从心底接受父母的教育和引导也就不是难事了。

可见，现代家庭中的教育，已经不像从前那么简单了，作为家长，若想获得家庭教育的成功，首要的是更新家庭教育思想和观念。每个时代有每个时代的家庭教育观念，21世纪的家长为什么会在家庭教育中产生困惑？主要是因为现在社会变化太快了。我们应该既把男孩当作儿子，也把男孩当作朋友，当作一个与家长有平等关系的人。我们必须抛弃"天下无不是的父母"这种陈腐的观念。只有这样的沟通，才是平等的沟通，也才是能让男孩接受的沟通。

一味地教训，只会加重男孩的逆反情绪

教育心理学家称，沟通，是解决一切教育问题的良药。沟通是亲子关系升温的基础，离开了沟通，所有的教育都将无从谈起。这一点，在青春期孩子的教育中尤为重要。然而，我们看到的却是，在一些家庭中，一些父母总是在要求男孩"这么做，那么做"，殊不知，这一阶段的男孩本就有叛逆情绪，家长一味地教训，只会将男孩推得更远，更不愿意与我们沟通了。

有这样一对母子：

妈妈是某公司的老总，她能把公司管理得井井有条，但对自己的儿子，她却用"无能为力"来形容，因为不管她说什么，儿子总会与她对着干。在无奈的情况下，她找到了心理咨询师。咨询师试着与这个孩子沟通，但出乎她的意料，这个孩子很合作。

"为什么总是与妈妈作对？"

他直言不讳地说："因为妈妈总是像教训、指挥员工一样

来对待我，我都感觉自己不是他儿子，所以我总是生活在妈妈的阴影里。"

这时，咨询师终于明白了，一定是这位妈妈用错了教育方式。于是，咨询师把这对母子请到一起，当着孩子的面把孩子刚才说的话讲给了妈妈听。妈妈听后非常诧异，过了一会儿，她十分激动而又真诚地对儿子说："儿子，你和我的员工当然是不同的，妈妈希望你更出色！"

听完这句话，咨询师立即给予纠正："您应该说'儿子，你真棒，在妈妈心里你是最优秀的，我相信你会更出色。"

这位母亲不明白咨询师为什么要纠正她，咨询师说："别看这是大同小异的两段话，其实有着很大的不同，前者是居高临下的指挥，后者是朋友式的赞美和鼓励，我觉得您在教育孩子上，不妨换一种方式，多一些引导，和孩子做朋友，而不是教训孩子！"

这位母亲听完，若有所思地点点头。

这位母亲的教育方式，在中国很典型。在一些家庭中，我们经常看到，一些父母用这样的口吻和男孩说话，例如：

"你这个笨蛋，成绩怎么总是在中游徘徊呢！"

"不就是考了前五名吗，什么时候考个第一名让我看看！"

"这段时间你确实有进步，不过不要夸你两句就骄傲呀！"

这些话会自觉不自觉地流露出父母对男孩的俯视和责备，

孩子长期生活在父母的教训中，会失去学习的动力和激情，对于父母，他们也只能"唯恐避之而不及"。尤其对于已经进入青春期的男孩来说，在父母长期的打击下，他们要么"反击"，要么"忍受"，这对孩子的成长都是不利的。

事实上，做家长的也有他们的苦衷。谁不愿意自己的儿子生活在快乐中，谁愿意在这样残酷的竞争中去拼命？可怜天下父母心，没有谁愿意训斥自己的孩子，为了孩子能在未来的社会竞争中站稳脚跟，他们常常有意识无意识地教训儿子。但实质上，这种教育方法并没有多大成效，当然，子女教育没有标准答案，每个孩子都很特别，都需要我们去特别对待。对于青春期的男孩，我们要做的是引导，而绝不是教训。

其实，我们的孩子都在成长，他也渴望进入成人的世界，希望得到成人的尊重，如果父母是以一种极具权威的身份教训他的话，就造成了他的敬而远之，进而不愿意向我们披露心迹。因此，我们要在内心里把自己和孩子放在平等的地位，把他看成我们家庭中很重要的一个成员来对待，遇到问题也要和孩子多商量商量，对孩子多加引导。要尊重孩子，尊重他的人格，尊重他的意见，不可动辄训斥有加，那样只会使孩子离你越来越远。

那么，具体来说，家长应该怎么做呢？

1.给自己"洗脑"，摒弃传统的家长观念

家长长期以训斥的口吻教育男孩，都是家长制在心中作怪。因此，家长要想与这些青春期的男孩和谐相处，要想使自

己与儿子的关系更加亲密，让男孩乐意与自己"合作"，首先要做的就是给自己"洗脑"，即打破那种传统的家长制观念，不是去挑儿子的毛病，而是不断使自己的思维重心向这几个方面转移：儿子虽然小，但已经是个大人了，他需要尊重；我的孩子是最棒的，他具备很多优点；允许男孩犯错误，并帮助男孩去改正错误……

2.放下家长的架子，以朋友的身份与男孩交流

有些家长为了维护自己在儿子心中的地位，刻意与男孩保持距离，从而使男孩时刻都感觉到家庭气氛很紧张。亲子之间存在距离，沟通就很难进行，在没有沟通的家庭里，这种紧张的气氛往往就会衍化成亲子之间的危机。

3.在男孩遇到困难时千万别一味地训斥和责备

我们不能太看重自己作为长辈的角色，因为长辈意味着权威和经验，意味着要让别人听自己的。但事实上，在急速变化的多元文化中，这种经验是靠不住的。不把自己当长辈，而要跟男孩一起探索、学习、互通有无，这种做法让我们在对男孩的教育和沟通上变得更加自由与开明了。

一味地迁就，会让男孩永不满足

教育心理学家认为，家庭作为具有血缘关系的社会群体，

以其先入为主的重要性、多维性、家庭群体中交往接触的密切性，成为孩子接受教育的第一所学校，形成孩子最初的观念，成为孩子接触其他现实影响的过滤器，良好的家庭与家庭教育将为个人成才提供有利的基础。对于任何一个男孩而言，青春期都是他们性格形成的关键期，而我们父母能否打开和男孩的沟通渠道，能否让男孩接纳我们的引导，都事关男孩最终是否能顺利度过青春期。

在家长的很多沟通方法中，一些家长认为，要与青春期的男孩沟通，一定不能与他们对着干，要顺应他们的要求、尽量迁就他们，殊不知，这种方法，只会让男孩养成唯我独尊、骄傲蛮横的个性，更容易让他们产生永不满足的心理。还有些父母认为，青春期是长身体的阶段，无论男孩提出什么要求，他们总是无原则地满足，无论孩子要什么都给，有的父母甚至不顾给自己造成沉重的经济负担，而满足男孩过分的要求。这种孩子必然养成不珍惜物品、贪图物质享受、浪费金钱和不体贴他人的坏性格，而且毫无忍耐的品质和吃苦的精神。

那么，在沟通中，对于青春期男孩提出的要求，我们该如何处理呢？

1.适当延迟满足男孩的要求

培养男孩的自控能力，就不能对男孩太过迁就，当他们想要什么时，我们可以适当延迟一下时间。例如，过半个小时再来处理他的要求，在这个过程中，他的忍耐能力就无形中提高了。

2.立场要坚定，态度要温和

如果你想拒绝男孩的要求，那么，你就必须表现得立场坚定，进而让他明白自己的要求是无理的，但同时，你的语气必须温和，这样才是真的以理服人。

例如，孩子想买一样东西，你可以这样说："抱歉，儿子，妈妈最近经济有些拮据，大概3天后妈妈才能拿到钱，那么，这3天妈妈必须努力工作，你能在这3天帮妈妈干点家务吗？到时候妈妈再给你一点补助，3天以后再买给你好吗？"这样态度温和地说话，是要让男孩明白："虽然妈妈没给我买，但妈妈是有原因的，妈妈也是爱我的。"

然而，很多父母在这方面做得并不好，他们一遇到儿子提出不合理的要求，总是对儿子疾言厉色，甚至还打骂孩子，这

样孩子既得不到心中所要，又觉得你不爱他。

假若我们在教育孩子的时候态度温和，客观地看待孩子的要求，当孩子做出任何不好的举动时，试着包容和接纳，那么我们在与孩子进行互动时，就能很好地把握分寸。

3.是否满足男孩要看他的要求是否合理

当男孩提出某个要求时，家长是否立刻满足，最重要的是看这个要求合不合理。如果家长认为男孩的这个要求是合理的，就应该马上满足；如果家长认为他提出的要求不合理，就一定要拒绝，但你需要注意的是，你必须在拒绝他的时候告诉他原因，告诉他怎样做才是对的。

家庭教育中，每个父母都知道，对于青春期的男孩，我们不能压制，但这并不意味着我们要满足孩子的所有要求。相反，对于男孩不合理的要求的拒绝，能培养孩子控制自己欲望的能力。这一点，需要家长在生活中加以贯彻实施，当你的儿子明白只有付出才有回报时，他也就拥有了一定的自控力。

事实上，懂得克制自己欲望的孩子的眼光是长远的，当他们成年后，对于眼前的事，他们会做出综合的考虑，考虑一下这个事情现在对他们有没有利，5年以后有没有利，10年以后有没有利。如果小时候不控制自己，长大了就会习惯"控制不住"的状态，矫正起来则比较难。

当男孩遭遇失败，千万别用言语挖苦和打压他

在成长的道路上，谁都希望一帆风顺，但这也只是我们的美好愿望而已。我们总会遇到这样那样的挫折，我们的儿子也是，当他们遭遇失败时，最想得到的是来自父母的鼓励和支持，这是他们重获信心的力量源泉。然而，我们看到的现实情况却是，在比赛中，假如男孩赢了，家长会极力奖励孩子，包括语言上的赞美、肢体动作上的亲密、物质上的奖励等，一旦男孩输了，家长往往会保持沉默，有的甚至会骂孩子。这种对待青春期男孩输赢的态度也直接加剧了男孩消极情绪的积累，加剧了男孩害怕失败的心理。

当然，我们必须承认，也有少数男孩能在打击中越挫越勇，最后拥有优秀品质，但是大部分男孩可能都做不到这样，长期接受父母未过滤、筛选的直白抱怨，尤其是针对自己的这些消极评价，对于培养他们的自信心和自尊心，有点强人所难。

一位心理医生非常痛心地讲述他碰到的现象："很多家长为了孩子的问题来找我，当他们绘声绘色地描述着孩子的不良行为时，孩子就站在旁边听着！"这就是很多男孩不自信的原因所在。家长可以尝试一下，别时刻摆出一副居高临下的姿态嘲笑或教训男孩，不要小看这些，自信的基石就是这样奠定的。

要知道，父母在每个孩子的生活、学习中占据着重要位

置，父母对孩子失败与成功的看法也直接影响孩子对输赢的态度，一旦父母过于关注结果，则直接会加剧孩子怕输的心理。男孩到了青春期，他们的自我意识开始萌芽，更在意父母对自己的看法。面对失败，作为参与者的他们已经很沮丧，如果父母再加以批评与打压，那么，男孩的自信与勇气都流失了。

市里要举办一个电子琴大赛，黄女士听到这个消息后，就给儿子报了名，她相信，儿子一定能拿到奖项，因为儿子从小学习弹琴，一直是学校最好的文艺生。但奇怪的是，就在比赛即将开始的前一天晚上，儿子对黄女士说："妈妈，我不想参加比赛了。"

"为什么？"

"因为我知道我肯定会让你丢脸，还不如不参加。"

"你怎么这么不自信？"黄女士有点生气了。

"因为你经常说我没用，如果这次没拿奖，你肯定又会这么说。"听完儿子的话，黄女士若有所思，难道都是我的错？

作为父母，我们不妨思索一下，很多时候，我们的儿子为什么没有自信、不敢参与竞争？我们的孩子为什么怕失败？乍一看，这个问题的答案似乎应该由孩子来回答。可能当我们的孩子第一次参与竞争时，他意气风发，甚至当我们对孩子说："别的同学都在努力复习，你怎么不看书？"他会回答："不用，我都复习了，全在我的脑子里。"

其实，每一次参加竞争活动孩子倒是比成人更有大将风度，他们关注的是这个过程是否有趣，这个舞台是否热闹，至于结果则不会太在意。因此，可以说，有时候，不是孩子怕失败，而是我们家长自己不愿接受孩子失败的结果，这也就是每当孩子失败时，我们心情低落而把情绪发泄在孩子身上的原因了："真是没用的东西！""你就不能给我争一次气？"

那么，当我们的儿子失败后，我们该怎么做呢？

1.检查自己的价值观

你是否也有这样的感受，当男孩在比赛中失利后，你是否觉得很没面子？你是否觉得你的孩子不够聪明？事实上，男孩对自己的评价很多时候是来自家长对自己的看法。如果一个男孩认为自己的父母只在乎他的成绩和比赛结果，那么，一旦失败，他便会产生消极、悲观的思想。

事实上，很多男孩也知道家长爱自己，但却并不认为自己和父母平等，他会认为父母是自己的保护伞，但却不肯定父母是否真的重视他的感觉。所以即使你的儿子这次失败了，你也不要用那些消极的语言打击他。

2.注意你的语言

绝对不能对孩子使用的措辞有如下几种。

"你为什么就不能够像谁谁。"男孩被对比，很可能增加他们本能的敌对情绪，甚至耿耿于怀。

"你真不懂事。"原本孩子做事就缺乏信心，这样的话更易刺伤他们，以后只会越做越糟。

"你真笨。"这绝对是最伤孩子的话，自卑、孤僻、抑郁、堕落都可能因此话而出现。

3.不要随意惩罚男孩

我们不能把自己对男孩失败的烦恼发泄在孩子身上，更不能当着外人的面打骂或嘲笑挖苦男孩。家长应该时刻牢记，自己要始终给男孩坚强的拥抱，如果以恶劣的态度对待男孩，一来会激发他们的逆反心理，二来会打击男孩脆弱的心灵，更糟糕的是，男孩还会怀疑家长是否真的爱他。

很多家长都有这样的经历，因为男孩不争气，一时气愤打骂了他，过后又心疼后悔，想方设法补偿。说实话，这一系列行为对男孩的成长没有任何意义，男孩不会因为父母粗鲁的打骂便越加努力。相反，他们会感到委屈和伤心，自信心也受到打击，甚至有可能一蹶不振。

总之，作为父母，如果你希望你的儿子能坦然面对失败，勇敢面对挫折，你首先要做的就是端正好自己的态度！

参考文献

［1］张丽霞. 10~18岁青春叛逆期，父母引导男孩的沟通细节[M].北京：中国纺织出版社，2015.

［2］章程.妈妈这样说，青春期的孩子才愿意听[M].北京：化学工业出版社，2015.

［3］布拉德·威尔考克斯，杰里克·罗宾斯.如何拥抱一只刺猬[M].武汉：武汉出版社，2016.

［4］凌云.10～16岁青春叛逆期，这样跟男孩沟通最有效[M].北京：北京理工大学出版社，2014.